格致·格尔尼卡

纯粹的苦难

二战中的士兵

[美]玛丽·路易斯·罗伯茨 著
Mary Louise Roberts

熊依旆 译

格致出版社　上海人民出版社

在黑暗的时刻，眼睛开始苏醒。

——西奥多·罗特克

目　录

序

　　1944 年，当美国兵勒罗伊·斯图尔特随步兵团以胜利之姿行军穿越法国时，他既没有思考死亡，也没有惦记荣光，而是在担心他的内裤。"行进中我遇到了新麻烦……我的内裤不配合，它老是往上卷。"[1]在第二次世界大战的欧洲战场，不论英国士兵、美国士兵、德国士兵还是法国士兵，类似斯图尔特的抱怨充斥在所有步兵的记忆中。潮湿而寒冷的痛苦一眼望不到头——这就是欧洲数百万步兵的生存状态。为了数百万人的解放，上卷的内裤或许是微不足道的代价。然而，在感到不舒服的当下，和斯图尔特一样的士兵并没有如此长远的目光。

　　和死亡一样，苦难毫不偏心，一视同仁。军官谋划战事，步兵则亲赴沙场。如此一来，军官和步兵对士兵的身体便产生了不同的认知。"冰雪和严寒成了比德国人更加残忍的敌人，"陆军少将欧内斯特·哈蒙在谈到阿登高地的寒冷时如是说道，"到战役结束时，被严寒送进医院的士兵是被德国人的枪炮送进去的两倍多。"哈蒙以战略眼光看待寒冷的天气，将其视作在前线击垮士兵的敌人。与之相比，英军的坦克驾驶员比尔·贝拉米则对同样的气候进行了如下描述："天气太冷，以至于不得不戴上护目镜才能进行观察。然而你又不可能这么做，因为它会在鼻子上冻住。如果为了视野清晰而摘下护目镜，泪水就会充满双眼，然后它要么在脸上结冰，要么还没掉下来就冻住眼皮让人睁不开眼睛。"[2]对贝拉米而言，他的身体是感觉之源。他的双眼在流泪，眼皮被冻住，视力在衰退。另一方面，少将则将贝拉米的身体视作一个抽象的暴力单位。如果一具身体遭受了极度的严寒，它可能失去施暴的能力。[3]

这种差异并非那么泾渭分明。譬如排长和中士这样级别较低的军官不仅目睹过步兵受苦，而且自己也有亲身经历。随着战争的推进，这些军官获得委任，逐步晋升。即使拥有了更高的权力，他们也无法忘记在前线目睹和感受到的一切。他们担任了中层指挥职位后，不得不平衡两个相互矛盾的目标：保证排级的所有士兵活下来，同时完成师以上级别所下达的任务。所有指挥官都希望部下能吃饱穿暖、精力充沛，因为这有利于打胜仗。乔治·巴顿将军前往西西里的一家医院探望伤兵后在日记中写道，他为他们崇高的牺牲精神感到钦佩和"动容"。然而在提到一名伤势严重的士兵时，他告诫自己："他浑身是血，惨不忍睹，我最好不要看，否则我可能会不忍心把士兵送上战场。这对一个将军而言是致命的。"[4]巴顿声称，领导力**要求**将士兵的身体抽象化。但这并不代表他没有把他们当作人来看待和关心。

尽管如此，许多步兵仍然控诉最高指挥部对他们的苦难毫不在乎。步兵对他们肮脏的散兵坑和上级整洁的床铺之间的悬殊感到愤愤不平。美国兵乔治·尼尔回忆了1944年12月他和战友坐在巴斯托涅战场上的情景。寒冷浸透了他们的身体，他们像婴儿一样蜷缩在地上不停发抖。尼尔"翻了个身，试图缓和极度的不适"，同时告诉战友，他一定要"在战争结束后把这些磨难详细地写下来，公众和部队的其他人应该了解这到底是怎样的遭遇"[5]。

这到底是怎样的遭遇呢？ 在某种意义上，这个问题无法回答。我们不可能真正了解战争的声音和气味，无法体会历经苦难的感受。众所周知，战争回忆录多凭主观，而且往往有失精准，尤其是那些在战争结束几年之后完成的作品。[6]然而，正如一位评论家所言："身体的记忆永不磨灭。"[7]20 世纪 90 年代，罗伯特·康罗伊收集了其连队关于阿登战役的证词。他发现，尽管许多战况的回忆已经变得模糊，但"关于史无前例的寒冷天气、衣物和装备的缺乏、令人虚脱的痢疾、受冻的双脚、炮弹来袭和子弹穿透附近树木的可怕声音，以及饥饿和筋疲力尽的乏累等细节"的记忆依旧清晰。"仿佛一切就发生在昨天，"康罗伊写道，"我想这些画面都被刻在了脑海中。"虽然个人证词往往不可靠，但感官记忆却历历在目，不可磨灭。[8]

我们能找到的是共存于士兵之间的意义，这些意义关乎战场的声音和气味、军粮的味道、前线的脏冷湿、战伤，以及尸体的情景。比如，士兵们如何利用感官来**了解**新型火炮？ 脏乱在基本训练中意味着什么，它在湿冷的意大利山间又发生了怎样的变化？ 为何有些士兵认为治疗战伤是怯懦的表现？ 为什么像战壕足这样的冻伤既代表了忍耐，同时也象征着背叛？ 被士兵们视为最幸运和最不幸的伤分别是怎样的，原因又是什么？ 士兵们创造了一种关于感官意义的语言，以便弄懂他们置身其中的陌生世界，并九死一生地存活下来。正如一位历史学家所言："意义经由感官得到了极大的体现。"[9]前线士兵对自己身体的认知——以及对周围其他肮脏的、死亡的和受伤的身体的认知——形成了他们对战争的体验。除了意识形态、语言和文化的明显差异，这种意义在不同军队的士兵之间表现出了惊人的一致。如果说苦难超越了国界，那么苦难所生发的意义同样如此。

下面是一组结构松散的文章，目的是寻回这些共存于士兵之间的意义。它们共同构成了历史知识的一个领域：战争的身体史。这场战争的残暴难以尽述，势必需要限制焦点。故而，本书着眼于第二次世界大战最后两年的欧洲战场。彼时彼处，步兵在三场战役中经历了刻骨铭心的苦难：1943 年至 1944 年冬天于意大利山脉的战役、1944 年夏天的诺曼底战役，以及 1944 年至 1945 年冬天于欧洲西北部的战役。[10]

1943 年冬，持续不断的降雨和顽固的德国战争机器使得盟军在意大利亚平宁山脉备受打击。继北非和西西里的胜利后，盟军志在挺进意大利内陆，攻占罗马，最后直取希特勒第三帝国的心脏。事实证明这绝非易事。战役于 1943 年 9 月打响，结果一直拖到了第二次世界大战结束，伤亡人数大约有 30 万。在盟军面对的诸多挑战中，意大利的地形便是其中之一，交错的山川令人备受折磨。双方士兵在高山上作战，无法挖掘散兵坑，只能以岩石作为掩护。骡子上山时背着补给，下山时则驮着尸体。

接下来的一年依旧艰难无比。1944 年夏天，盟军在诺曼底科唐坦半岛和卡昂市遭遇了德军的顽强抵抗。英国士兵在此役中遭受的战伤构成了第四章的基础。盟军将敌人围困在法莱斯地区后，便迅速跨越了欧洲西北部。所有人都开始期望战争能于圣诞节之前结束，但他们的希望又一次落空。在科尔马和梅斯等法国边境城市，以及在荷兰、比利时和莱茵兰，盟军遭遇了规模更小但依旧顽强的德军。圣诞周没有丝毫庆祝的氛围。美军在比利时的阿登森林被德军的突然袭击打了个措手不及。这场战斗经历了欧洲有史以来最为恶劣的天气，包括零度以下的低温和大量的降雪。当补给线被暴风雪阻断后，步兵们顶着辘辘饥肠，用冻得青紫的四肢继续奋战。

彼时的欧洲不过是许多悲惨境况的其中之一。第二次世界大战是一场国际性冲突，将世界各地的士兵和平民置于水深火热之中。根据天气、地形、气候以及战役的类型和利害关系的差异，人们遭受的磨难也千差万别。举例而言，由于地形多山，河流宽广，以及寒冷多雨的气候，在意大利作战的士兵忍受了罕见的痛苦。在瓜达尔卡纳尔岛和缅甸潮湿而闷热的丛林中，盟军士兵则遭受了另一种截然不同的苦难。

尽管如此，所有步兵都有一个共同之处。他们清楚地意识到，他们主要是作为一具具身体而被征召、训练，最后被送往战场。新兵必须通过体检，以评估其身体适应战场的能力。美国陆军的入伍体检会对一个人身体内的所有器官、肌肉和骨头进行评估。在战争之初，部队只征召年轻士兵——年龄在 18 岁到 38 岁之间。体型也很重要：体重不得轻于 105 磅（约 48 千克），身高不得低于 5 英尺（约 152 厘米）；胸围至少 28.25 英寸（约 72 厘米）。[11]一具身体必须符合必备的条件才能归入"1-A"级别。上肢的骨头、肌肉和关节要能支持"肉搏"的能力。下肢的骨头、肌肉和关节要能适应长时间的行进和站立。体力、耐力、灵活性和活动范围都有其界定标准。同样，眼睛、耳朵、嘴巴、鼻子、气管、咽喉、皮肤、脊柱、肩胛骨，以及骶髂关节、心脏、血管和腹部器官也有各自的规格。[12]

英国士兵的评估标准大同小异。当战争于 1939 年爆发的时候，英军同样只要年轻人——20 岁、21 岁的小伙子——他们是抢手货。随着战争的推进，这个范围扩大至 18 岁到 51 岁。[13]在征兵中心，新兵们脱掉衣服排着长队从一个医生走向另一个医生。"大厅里有许多医生。填好基本资料后，我们按吩咐脱掉衣服，沿着'传送带'向前走，"E.J.鲁克-马修斯回忆道，"一个医生检查了头部和耳朵，另一个检查了胸背，还有一个（用一把尺）检查了隐私部位，然后听了我们的咳嗽声，还有一个医生负责检查膝盖和双脚，诸如此类。"[14]然后新兵的身体被划入从 A 到 D 的 4 个等级。到战争结束时，大约有 92 个亚类和 4 个等级。[15]此举的目的是人尽其才，用尽可能高效的方式利用他们的身体。正如陆军医疗队的 S.莱尔·卡明斯上校于 1943 年所言，在战争时期，"将一切可获得的材料物尽其用变得至关重要"[16]。

入伍之初的禀赋将在训练中被加强。在训练营，一名新兵或多或少被简化成了他的身体。戴维·霍尔布鲁克这样形容军事训练："他们都觉得自己不再是自己。个性屈从于身体的被动行为，甚至身体也难以坚持下去——他们内在属于人的其他一切都消磨殆尽。"[17]新兵被教导要将身体和自己分离。他学会了不停地忍受身体的巨大痛苦，忽视身体发出的求救信号。当他被送上战场时，他成了哈蒙少将所说的暴力单位。

然而有一个问题。步兵归根到底是容易受到疾病、伤害和死亡侵袭的有情众生。无论如何努力，军事命令都无法将人类的躯体转变成盲目而机械的武力单位。1943 年至 1944 年的意大利冬季战役以及 1944 年至 1945 年的比利时冬季战役都揭示了这种尝试的徒劳无功。在前线恶劣的条件下，士兵的身体开始崩溃，它们倔强地表达着对温暖、休息以及良好营养的需求。士兵的双脚开始浮肿、冻僵并发黑；行走变成了一件难事，有时甚至成了不可能的事；腹泻让里里外外的裤子污迹斑斑；胃部和腹部绞痛不已；手指冻僵到无法扣动扳机。总而言之，士兵的身体开始拒绝强加于其的要求。有些士兵"像男人一样"忍受着，有些则充分利用了身体的功能。他们故意染上战壕足或者冻伤以从前线脱身。他们刺激或者扒开伤口以延长住院时间。换言之，他们利用**难以控制**的身体作为抵抗命令的手段。

苦难喜欢有人做伴。感官觉受和身体事件造就了士兵之间的团结一致。前线的战士们彼此交流他们对于火炮声的了解，一起抱怨难吃的食物，还在军装上嗅到死亡的味道。他们互通诀窍，教彼此如何保持双脚干燥，如何填饱肚子，如何暖和身体。漫画家比尔·莫尔丁笔下著名的步兵维利和乔完全依靠彼此来疏解痛苦。在他们眼里，后方的军官对他们的疾苦有着无可救药的无知。如此一来，苦难促使战士们筑起了一种兄弟情谊。

战争是"人类集体参与的大事中最为激进的组织性事件"，一位评论家如是声称，因为施加伤害和承受伤害是其根本所在。[18]那么，为什么我们对置身战场的感受知之甚少？ 也许我们本该如此。美国士兵的死亡照片受到了审查，只在有必要刺激战争债券的销售时才会刊登。[19]为了维持士气，英国部队在夜深人静的时候输送伤兵。军事指挥部用名单的形式呈现伤亡情况。受伤的士兵只有名字和编号为人所知。然而，一个男人的痛苦呻吟，一具皮开肉绽的躯体，脓的气味，血的味道——这些是每个步兵都熟知的感觉。尸体也会从视线中被清除，因为部队会不遗余力地"打扫"战场。尽管如此，步兵们仍然在不断见证死亡。对他们而言，尸体是战争的复杂象征。死尸含义丰富——关于战争的意义、战争的原因，以及它所带来的后果。

研究感觉和身体事件能让我们深入了解前线士兵如何看待他们的世界，以及他们彼此之间如何交流。吃饭、睡觉、耳听、鼻闻，以及其他身体功能是人的天赋。但在此时此处，它们具有非同寻常的意义。以大小便为例，由于前线不卫生的环境条件，腹泻是生活常态。[20]人类粪便的味道弥漫在整个战场。根据美国兵威廉·康登所言，前线士兵倾向于说"腹泻"，而不说"拉肚子"，因为"腹泻"这个词"比拉肚子更高级"。[21]

一天晚上，当步兵军官保罗·富塞尔带着他的排行进时，"一阵绞痛让我还没来得及跑到路边脱下裤子，就让一泡稀屎把持不住地倾泻而出。"富塞尔用从他的官方《战场信息册》上撕下的纸花了十五分钟设法把身上擦干净，然后跑去追上他的士兵，其中一人立刻说道："中尉，你身上真臭！"富塞尔回忆道："我很少这般难受，这般不堪，这般无能为力地去维持自己的形象。"[22]富塞尔的羞耻感不仅源于身体出了故障，还因为他无法克服这个故障。[23]拉在裤子里意味着你无法让自己的身体文明行事。这让你真切地感受到自己又变成了一个小孩，无法控制你的肠道。倘若因为害怕而导致大便失禁，那么臭气则标志着更为糟糕的耻辱。在火炮袭击中或者战场上拉在裤子里是懦弱的表现。美国士兵把懦夫称作"屎炮"。正因如此，士兵们极少会承认自己大便失禁。[24]

撒尿则另当别论。1945 年 3 月，当盟军部队最终进入德国，温斯顿·丘吉尔坚持前往齐格菲防线，这条所谓"坚不可摧"的防御工事也被称作"西墙"。到达以后，丘吉尔郑重其事地步下汽车，在随行人员的陪同下走向西墙。他一边叼着雪茄，一边摸索着裤子的拉链，然后满面笑容地对着这座防御工事撒起尿来。"先生们，"他举手示意道，"我想邀请你们加入我，让我们朝伟大的德国西墙撒尿吧。"三个星期后，巴顿将军效仿了丘吉尔的举动，朝莱茵河里一尿为快。虽然丘吉尔拒绝接受拍照（并提出"这属于跟这场伟大的战争相关的行动中不能通过图像再现的行动之一"），但巴顿同意了（见图 0.1）。[25] 很快，第 3 军的所有美国士兵都想尿在莱茵河里。借用沃尔特·布朗的话，为莱茵河"傅油"是"当务之急"。

图 0.1　乔治·巴顿往莱茵河里撒尿

"河水一点儿也没涨，不过我们满意地完成了老早就吹嘘要做的事。"[26]撒尿变成了盟军征战胜利后偏爱的庆祝方式。尽管此举在西方文化中根深蒂固，但它在此时此处却具有独特的意义。

对于上战场的士兵而言，战争首先和他们的身体有关。他们作为身体而被征召、训练和部署。他们的职责是伤害和杀死身体，同时被伤害以及被杀死。"现在我成了我的社会文明长久以来致力于创造的事物，"英国陆军中尉尼尔·麦卡勒姆表示，"一具技术上重要、人性上卑微的血肉之躯，富有活力、反应敏捷，据说还要誓死忠诚。"[27]麦卡勒姆的身体成了战争的产物——专业、服从、忠诚。然而他所表达的愤怒却道出了另一番故事：前线士兵是如何利用身体来挑战军纪并坚持他们的人性的。

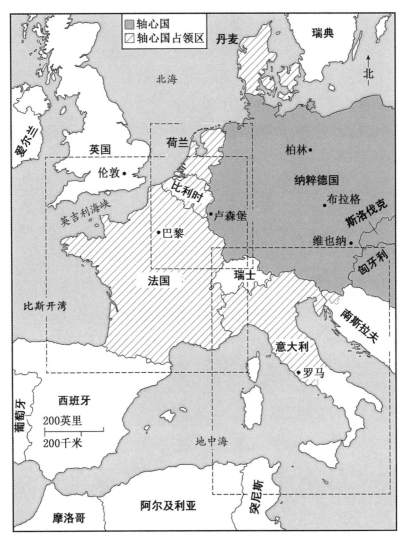

图例：
- 轴心国
- 轴心国占领区

丹麦　瑞典

北海　北

爱尔兰　英国　荷兰

伦敦·　柏林·

纳粹德国

比利时　布拉格·　斯洛伐克

·卢森堡

英吉利海峡　·巴黎　维也纳·　匈牙利

法国　瑞士

比斯开湾　南斯拉夫

意大利

葡萄牙　西班牙

200英里

200千米　罗马·

地中海

摩洛哥　阿尔及利亚　突尼斯

地图 1　二战欧洲战场全图

第一章　感官

　　在第二次世界大战的战场上，巨大的火力从四面八方袭来，给人类的感官造成了剧烈的冲击。[1]战争使得人类的眼睛暴露于未知的恐惧，耳朵被灌入陌生的噪音，鼻子吸进不熟悉的气味。对英国兵 G.W.塔吉特而言，意大利的山地战役首先是震耳欲聋的噪音："金属撞击金属或石头所造成的持续不断且尖锐刺耳的声音、爆炸声、粉碎声、叫喊声、哭泣声、机械的咆哮和轰鸣声、震动声、大地的颤抖或人类痛苦的呻吟声、树木以及骨头的碎裂声、或远或近的炮击声、突如其来的爆裂声、枪声、轰炸声，白天、黑夜、噩梦。"指挥官们在地图上用大头针构想的战役在塔吉特这里成了具象的炮火与死亡的咆哮漩涡。来自美军第 82 空降师的唐纳德·伯吉特在阿登高地忍受了同样的炼狱。"你只能躺在那儿听着刺耳的炮弹呼啸而至，以及它们撞击时造成的巨响。爆炸产生的灼热粉尘和刺鼻的烟雾随着呼吸进入喉咙和双肺，令你感到干渴不已，灼热难耐。"[2]

　　塔吉特和伯吉特并非特例。步兵的回忆表明，战士们对战场的感官场面（sense-scape）有着无与伦比的警觉。来袭炮弹的声音、无烟火药和烧焦火药的气味、尸体腐烂的场景，以及血的味道——这些感官记忆将其他一切全部淹没。[3]为何感官记忆在步兵的证词中如此举足轻重？ 科学家认为，人类大脑连接着感知和记忆系统，使得二者相互触发。[4]士兵在战场上常见的高水平肾上腺素则加强了他们的感官记忆。在英国兵 A.G.赫伯特经历的首次弹幕炮击中，他叙述自己"一只脚弹到了空中，吓得心脏怦怦直跳，神经紧张不已，因为当时所有的声音都很陌生。"[5]作战期间，步兵的注意力高度集中于当下。正如英国兵彼得·怀特所言："我们活一分钟算一分钟。"布赖恩·哈珀表示："我们只关注接下来十分钟或一小时会发生什么。"[6]

命令由最高军事长官下达至军级，再由军级至师级，师级至旅级，旅级至营级，营级至连级，连级至排级。借用哈珀的描述，在这种自上而下的指挥链中，步兵是"一座孤岛，茫然不知，与世隔绝"[7]。"步兵，"英国兵雷克斯·温菲尔德说道，"唯一指望的是能活到下一餐，或者顶多期望活到明天。起初这是一种需要，到最后纯粹成了习惯。""'大局'正在发生什么，"怀特表示，"我们往往只能从流言中辨别一二。""关于战事的大局进展，我想部队里没有哪个单位比步兵排的消息更加闭塞。"美国兵阿诺德·惠特克认同道："大多数时候我们活在自己维持的小世界里。"美国兵弗兰克·丹尼森承认："我们常常不知道自己身处何处，或者有什么'大'计划，也不知道我们为什么会在那儿。"[8]一位军官表示，法国步兵对于了解作战行动存在双重障碍。一方面，他们只能从自己的散兵坑内窥见前线的冰山一角；另一方面，极度的疲惫和害怕令他们无法保持准确的记忆。[9]一个步兵对战争的了解仅限于他的视野范围。[10]"你对大局一无所知，"帕特里克·莫里西写道，

"一个士兵只清楚他自己的小区域发生的事……他专注于每一天产生的需求。"[11]对步兵而言，战争是一系列或多或少让身体精疲力竭的短期命令。[12]

　　倘若感官印象主宰了步兵的记忆，那么我们能从中对步兵和他们在前线的生活有怎样的了解呢？听到来袭的火炮，闻到战友的鲜血，或者一连数周吃结冰的食物——这些苦难被视作战争的"附属品"，没有其独立的历史。然而，在经由第一人称的叙述所重现的特殊语境中，感官意义确有其自身的历史。举例而言，你听到的火炮声取决于多种因素——你的位置、风向、来袭炮弹的种类、你所受过的训练，以及你在前线的时间长短。

　　一个士兵的感官是他为数不多算得上属于自己的东西。军队生活考验着士兵的人格。绝对服从是军规。士兵无法主宰自己的行为，他所穿的衣服和所吃的食物都由部队分发，不由自己选择。最重要的是，他知道他的身体是"战争最不可或缺，也是最有必要牺牲的原料"[13]。由此种种，士兵的上级便拥有他，并能够将他暴露于危险和死亡之中。但是，他的感官只属于他自己。[14]在为他的所见、所闻、所听、所尝赋予意义的过程中，他维持着对自我的脆弱掌控。

1

　　论及如何在前线生存下来，听觉是最重要的感官。[15]在战场上，火炮多半位于视野之外，而发现敌人也意味着被敌人发现，故而用视觉来自我定位可能带来致命的后果。[16]于是士兵转而在作战中用听取声音的方式来了解自己和敌人的相对位置。能够辨别并弄清枪炮的声音有助于他在险象环生的战场上定位自己。听觉成了一件生死攸关的事，因为战场的声音真的能帮助士兵躲过劫难。[17]

奔赴前线的士兵用声音来估测和前线的距离。"首先你会听到声音，"英国步兵汤姆·佩里回忆道，"我敢肯定有上千扇固定在生锈铰链上的门正在打开，那声音增强了无数倍。"1945年初，一名德国士兵在写给母亲的信中说明了他如何利用火炮声来估量和前线的距离。[18]夜晚时分，迫击炮弹的爆炸声让你意识到，即使身在后方也不代表可以高枕无忧。[19]声音划分了战场上的界线，使得前线和后方、危险和安全之间更加泾渭分明。

仅仅就战场而言，声音源自四面八方。有时噪音从头顶传来，正如麦克·布卢姆在安齐奥的第一天晚上所经历的那样。"突然，我们头顶上空传来一声啸鸣，随着一架被击中的飞机疾速冲向地面，那噪声越来越大，也越来越可怕。它在剧烈的撞击中坠毁，由于距离十分靠近，我们坑内的所有东西都被震得弹跳起来。我的耳膜也似乎被震破。"有时，噪声从远处袭来。陆军少校 H.W.弗里曼-阿特伍德形容在意大利作战时一个声音"像列车一样传来，那喧嚣越来越大，直到我以为自己的头要爆裂"。"突然间死亡呼啸而至。"德国步兵汉斯·施托克在卡西诺山给家人去信时写道。[20]同样，一位在意大利作战的法国炮兵在日记中记录了枪炮不停"吠叫和呻吟"的情景。[21]

战场上的声音可能让人难以承受。7月9日在诺曼底战斗的英国兵埃里克·科德林在日记中写道："一段时间后，耳膜承受的持续冲击导致我们像醉酒一样走路跟跄，噪音的震耳欲聋到了如此地步。""我们都在一边战栗，一边发抖，一边哭喊，一边祈祷，那是我们第一次经历弹幕攻击。"美军第9步兵师的一名步兵回忆道。"我永远忘不了迫击炮弹爆炸时产生的令人头痛欲裂的冲击波。"英国兵悉尼·雅里讲述道。"我感到每一声呼啸仿佛都是冲着我来的，而爆炸的冲击如同大锤般猛击着我并不坚定的决心。"英国医生斯图尔特·莫森回忆道。在一天晚上的弹幕攻击中，美国兵雷蒙德·甘特的内脏开始"颤抖舞动"："仿佛心和肺、胃和肝都在果冻里悬着，而装果冻的碗受到了剧烈的震动。"[22]许多士兵因为"受不了"而不得不彻底调离前线。[23]"有个可怜的家伙惊慌失措，躺在地上不停地颤抖和哭泣。"一名英国担架员如是说道。据另一名士兵所言："就连营长也会崩溃，开始哭喊着拒绝战斗。"[24]炮火攻击的不仅是身体，还有精神。在战争中，它造成了大约一半的战斗伤亡。[25]

盟军士兵尤其厌恶德军的88毫米炮。"它会发出一种尖啸声，"美军中士埃德·斯图尔德解释说，"最开始听到的时候简直让人不寒而栗，像噩梦一样。"[26]罗伯特·克罗维兹说他经常会在88毫米炮弹爆炸时勃起："我的腹股沟因为恐慌而血脉偾张，这几乎是一种条件反射，屡试不爽。"[27]一名法国兵对88毫米炮害怕至极，以至于他会随身携带一个大水手袋，好在弹幕攻击期间把自己藏在里面。[28]士兵们之所以憎恶德国88毫米炮，其中一个原因在于它"毫无预兆，令你没有时间躲避"。它的炮弹速度极快，一名法国步兵表示："你刚听到发射的巨响，它就'嗖'的一声飞过来了。"[29]因为这种炮弹道低伸，所以炮弹飞到你头顶时声音才会传过来。[30]美国漫画家比尔·莫尔丁写道，美国兵讨厌"那些直线袭来的炮弹，比高空坠落的炮弹更甚，因为高空的炮弹会给出更多警告"。"你听不到的才会真正令你害怕。"勒罗伊·科利认同道。[31]

但事实上，正是其弹速，才让88毫米炮显得仁慈。对许多士兵而言，炮弹命中之前的空当是最糟糕的时刻。"你能听到炮弹飞来的那几秒钟，感觉漫长无比，"英国兵杰弗里·皮科讲述道，"呼啸声越来越大，越来越猛烈，你不禁心跳加速，双腿发软。"美国兵莱斯特·阿特韦尔的记忆也专注于同一时刻："你能听到那种漫长而狂暴的尖啸，声音越来越响——它似乎就是冲着你来的，对你所处的位置了如指掌……整个世界都被那种声音占据，你会经历片刻难以忍受的等待，然后传来震耳欲聋的爆炸声。"[32]

当弹幕攻击发生在夜晚，那么睡觉便是一件不可能的事。"你总是刚一睡着，"布赖恩·哈珀回忆道，"马上就会被什么声音惊醒到令人难受至极的清醒状态。可能是附近的地雷、普通炮弹或者迫击炮弹惊天动地的爆炸声。"[33]更糟糕的是，黑暗使得火炮声似乎更加靠近。[34]比如，身在后方的 D.G.艾特金就很难睡好，因为"所有声音都令人感到恐惧"[35]。一段时间后，士兵会适应战争的声音。新兵难以忍受的夜间弹幕攻击可能不会影响老兵的睡眠。[36]英国军医 P.J.克雷明于 1944 年 6 月 14 日给妻子写信道："大部分时间会不断传来各种声音，但我们现在习以为常了。"[37]由此可见，一个人忍受噪声的能力取决于他在前线时间的长短。

持续不断的弹幕攻击是有意而为之的残忍。有一种炮击战术是用多达 200 门火炮朝较小的目标同时开火。[38]莫里斯·皮布勒将

1944 年 5 月他在意大利经历的一场夜间弹幕攻击形容为"死亡音乐会"。在科尔马,法国坦克手让·纳瓦罗判断每秒钟有 20 发炮弹射出:"树林遭到了狂轰滥炸。"一名在卡西诺作战的德国伞兵身上的日记如是记录道:"我们在这里忍受的一切难以形容。我在苏联前线都从未有过如此糟糕的经历,毫无片刻安宁可言,只有持续不断的枪炮、迫击炮和头顶飞机的巨响。"[39]

此举意在通过创造一个逃生无望的狭小而封闭的炼狱来恐吓敌人。"你真切地感到在劫难逃,结果将不是死亡就是重伤,对猛攻毫无招架之力。"[40]英国士兵雷克斯·温菲尔德这样总结道:"弹幕进攻的声势越来越大,骤然阻断了我们的生路。"炮弹爆炸的巨响和冲击令美国兵理查德·拜尔斯感觉他仿佛被困在一口巨大的钟内,"同时有巨人挥着大锤在不断重击它"[41]。火炮攻击是战争本身的一种极端形式:让士兵困坐愁城,孤立无援,唯有直面死亡。

噪音令士兵疲惫不堪,因为士兵在战场上不断利用其给自己定位。正如莫尔丁所言:"上前线一段时间后,士兵就变成了炮弹专家。"[42]诸如迫击炮和榴弹炮之类的短程野战炮以远程大口径火炮为后盾。因为炮击目标的信息是通过电话或无线电传递的,弹幕攻击瞄准的是前线后方数英里外看不见的目标。学会如何区分不同的噪音以及辨别声音的轨迹成了性命攸关的技能。士兵在战场上必须聚精会神才能听辨和识别各种声音,以确定它们的方向。"你可以通过追踪每种声音来想象敌方迫击炮部队的行动过程。"英国士兵彼得·怀特指出。以此方法,士兵的耳朵成了他的眼睛。"思考变得困难,"英国士兵特雷弗·格林伍德回忆道,"身体的每一个细胞和每一根神经都在全神贯注,努力判断炮火的来处。"还有一个诀窍是学会识别一般火炮、迫击炮和坦克炮所产生的烟雾，法国士兵路易-克里斯蒂安·米舍莱就是这么做的。[43]

这些方法绝非万无一失。怀特承认，有时"炮火如此之密集，每一发炮弹的噪音和爆炸声，混杂着如巨型野禽成群飞过的炮弹所发出的持续不断的尖啸声，令你除了短程炮弹或落在附近的敌军炮弹外，无法辨别任何单独的声音"。不过大多数情况下，前线士兵是基于声音来给自己定位的。诚然，言至于此，知道自己是否会被炮弹击中对你并无多少好处。美国兵罗斯科·布伦特表示，"火炮攻击最令人丧胆的部分"是"知道下一发炮弹将落到你头上"。服役于法国第1集团军的作家安德烈·马尔罗则更加泰然："在战场上，如果要为听到的每个声音提心吊胆，那你就没法活了。"[44]

尽管如此，在火力网中自我定位能给人一种虚幻的掌控感。判断炮火的源头至目标地点涵盖了一整套经验。虽然斯图尔德起初害怕88毫米炮的尖啸，但他最终能够适应并面对这种声音。"对声音进行判断的需求取代了声音本身……于是你一门心思就在它上面。你几乎开始喜欢上这种声音，因为它能给你一些信息。"[45]在后方，士兵们活动的时候会竖起一只耳朵留心上空的动静。[46]当你听到88毫米炮弹飞过头顶时，你会明白它不是冲着你来的。莫尔丁如是写道："平飞中的炮弹要是没击中他，就会继续飞，但下落中的炮弹就算离他几十米，也可能要了他的命。"[47]听到德军的"嗡嗡炸弹"，即V-1导弹，也是好消息。因为其尾部喷出的柴油尾焰会制造一种可听见的震动声，但在距离目标数英里时，声音会骤然停止，噪音意味着危险并非冲你而来。[48]

即便你身处死境，对声音的判断也能让弹幕变得不那么可怕。

其一，它让你有事可做，而不仅仅是坐以待毙。"无时无刻不在听，"美国兵梅尔·洛厄里说道，"因为你知道差别在哪，远去的炮弹和飞来的炮弹有着不同的声音。哪些炮弹会越过你，哪些炮弹会偏离你，以及哪些炮弹会落在你附近，都能靠声音判断，它们发出的声音都不一样，你很快就能学会辨别。"在叙写突出部战役时，伯吉特描述道："远程炮弹需要一些时间才会射中目标。有时在听见来袭的炮弹前，你会先听见炮弹发射的轰隆声。其他时候你什么也听不到，直至炮弹在整个射程的最高处旋转着呼啸而来。假如你的命够长，你就能学会近乎准确地定位高弹道炮弹的命中地点，仅凭它们发出的声音就可以。"英国兵阿瑟·雷迪什提醒道，如果你接着听到"嗖嗖"的声音，这表示炮弹近在咫尺，十分危险。美国兵杰西·考德威尔的判断方法简单明了：如果你先听见爆裂声，再听见"嗖嗖"的飞驰声，那就是远去的炮弹。但假如你先听见飞驰的呼啸，接着听见一声爆裂，你就应该趴下。[49]

步兵对迫击炮的声音也变得了如指掌。据美国兵迈克·迈克墨迪所言，它们最开始发出"咔嗒、咔嗒、咔嗒"的响声，接下来你大概有十秒钟的时间"见机行事"。[50]"开始的声音越尖，啸叫持续得越久，炮弹就落得越近。"另一位美国兵表示。[51]最好的结果是听见炮弹不断发出"啵啵啵……"的声响越过你的背后。[52]迫击炮的声音因地形的不同而有所差异，所以对声音的解读取决于具体的位置。"哐、哐哐、哐哐哐、哐"，H.W.弗里曼-阿特伍德如是形容迫击炮撞击意大利山间岩石的声响。在赫特根森林，炮弹在树林间爆炸，伴随着一声爆裂而产生一股"喷发的火焰……如同在一个巨大的桶内发出撞击般爆响，那响声不绝于耳"。美国兵弗朗西斯·威尔回忆道。在英国中尉 E.A.布朗的余生中，每当他把一副纸牌的边缘理正时，都会感到脊柱发凉，因为那声音使他想起迫击炮的"报到"。[53]

最为士兵们所憎恶的德国迫击炮是一种被称为 Nebelwerfer 的火箭炮，因其发出的声音而得名"嚎叫狂人"或"呜咽泣女"。法国人因为它们的咆哮声而称之为"狮子"。[54]火箭炮表明，声音本身能够成为战争的一种武器。这种"邪恶的武器"能以一秒钟的间隔发射六枚火箭弹。[55]飞行过程中，火箭弹的旋转方式使得它们发出越来越大的怪异噪音，"让人毛骨悚然"。[56]"如果你没听过'嚎叫狂人'的声音，你就不知道什么是害怕。"美国兵詹姆斯·哈根表示。[57]"这个武器之所以令人闻风丧胆，是因为每发炮弹**听上去**都会击中你，即使结果并非如此。"[58]"当它们朝我们飞来的时候，"美国兵约翰·库里说道，"它们听起来就像空中'咔嚓'行驶的特快列车，接着在坠地之前发出尖锐刺耳的啸叫。"[59]"它们在呜咽中带来死亡"，法国记者费尔南德·皮斯托如是形容。英国士兵切斯特·威尔莫特试图积极一点："至少它们准确无误地宣告自己的到来。"[60]

"嚎叫狂人"令你血脉冰凉，汗毛直竖，严阵以待。哈珀形容它是"我个人听过的最令人紧张不安的声音……当你在夜晚已经受够了担忧，并且因为纯粹的恐惧而焦躁不安的时候，这种可怕声音的造访和它带来的威胁让你整个人动弹不得"。美国兵罗斯·卡特发现，每次听到"狂人的嚎叫"，其朋友威利的喉结就会"在干燥的喉咙里上下滚动"。"它们在发射和空中疾驰的阶段都会产生可怕的噪音，"拉尔夫·斯盖普斯指出，"它们的装药量很大，实际却并未造成很大破坏，但那种怪异的嘶叫令我们胆战心惊。"据斯盖普斯回忆，火箭炮属于雷声大雨点小，但并非毫无威力：约翰·克莱顿戏称它是"为紫心勋章演奏蓝调的六管管风琴"。漫画家莫尔丁誓言，他"从不画关于'嚎叫狂人'的画，因为它们一点也不好笑"[61]。

前线士兵同样能解读较小的枪声。据雅里所说："布伦式轻机枪发出的是单一重复的爆破声；MG42机枪的猛烈射击会产生歇斯底里的尖叫；司登冲锋枪和施迈瑟冲锋枪制造的则是一种致命的颤音。"他继续道，曳光弹"靠近时近乎带点懒散，直到突然间像发怒的恶魔般蜂拥而至，它们直接加速越过你的脑袋，噪声震耳欲聋"[62]。假如你听到步枪的射击声，这代表危险已经过去，因为子弹的速度比声音快。从你耳边飞驰而过的子弹会发出一种"强烈的'嘶嘶'声"，而"当它击中一个人的时候……则是一声可怕的重击"。[63]德国步枪会发出一种特殊的噪声，"子弹从你的头顶一飞而过时就像打了一个响指"[64]。

在赫特根森林，美国兵勒罗伊·斯图尔特在准备朝树后的一个士兵开枪时犹豫了一下，因为对方的枪"听起来不对劲"[65]。结果发现那名士兵是美国人，而非德军。[66]盟军根据德国机枪的声音为其取名：它被称为"啵啵"枪，因为其发射子弹的速度快到不断发出"啵啵啵啵"的声音。[67]对约翰·戴维斯来说，它听起来"像帆布的撕裂声"。戴维斯还记得，在德军更换枪管的时候，他听见"'咣当'一声，接着雪地里传来'嘶嘶'声"。戴维斯利用这个大概持续了十秒的空当，在不用担心敌军开火的情况下转移了自己的位置。[68]

不同于音乐，朝你飞来的炮弹所发出的声音并没有空间容你进行创造性的解读。每一种炮弹都有其确切的声音，花时间就能被教授和掌握。但前提正如伯吉特所强调的那样——你的命要够长。辨别声音是老兵最先教授新兵的经验之一。步兵能够熟练地模仿迫击炮或 V 型导弹的响声。[69]替补兵天真稚嫩的面孔出现在前线，会让"老资格"们感到五味杂陈，其中包括他们对逝去战友的悲痛，以及对这些新兵给整个连队所带来的威胁而感到的愤怒。传授声音所代表的意义在"老兵"和"新兵"之间架起了一座桥梁。与此同时，分享专业知识能清楚地显示你作为一名士兵的资历。凡此种种，感官意义在士兵之间造就了同志的情谊。

尽管武器主导着战场上的声景，但其他可怕的声音同样存在。随着战斗的推进，你能听到人类痛苦的声音。英国兵彼得·莱德指出，你能从周围的哭喊中判断战况如何。"假如呻吟声无处不在，这表明敌人的炮火完成了它们的任务。"[70]"随着我们向公路推进，痛苦的叫喊……让我们了解到伤亡的惨重。"美国兵米洛·格林表示。[71]"突然间一切戛然而止，（同时）可怕的寂静笼罩下来，只有伤员的呻吟将之打破。"英国兵 L.C.平纳回忆道。相较于伤者的哭喊，更糟糕的是死者的沉默。"这是沉默，难以想象的沉默。"法国作家安德烈·尚松如是道。[72]

接着便传来伤员求救的呼喊。在意大利的一次轰炸过后，美国兵卡特浑身发抖地躺在地上，他听见"令人神经紧张的叫喊：'医疗兵！ 医疗兵！ 老天，快叫医疗兵来！ 伤了三个！'"[73]。弗里曼-阿特伍德提到了"呼叫'担架员'的可怕喊声"。"我周围死的死，伤的伤，呼喊'担架员'的声音无处不在。"英国兵戴维·埃文斯回忆道。据美国兵彼得·贝普尔西所言："那些战场上的伤员会哭喊着求救，朝彼此痛苦地叫喊，有时战斗结束数小时后依然如此。"[74]受伤的士兵乞求"给我喝点什么！"的记忆在一位法国医生的记忆中挥之不去。[75]士兵们会祈祷，"大声而清晰"地呼唤"万福玛利亚"和"天父"，还有对"妈妈""母亲"和"妈"的哭喊。[76]纳瓦德记得法国和德国士兵都会"呼唤着'妈妈'，痛苦地叫喊"[77]。

这些声音表明了战争造成的严重破坏、它的可怖和折磨，以及它随心所欲宣判的死亡。一名德国士兵在某天夜里的日记中坦白道，他把自己灌醉就是为了"不用再听见大声的哭喊"[78]。与此同时，有别于和平时期，哭喊声在前线并未被视作懦弱的表现。相反，它们被欣然视作生命之声。

2

和声音不同，战场的气味并无多少战略价值。有别于对声音的态度，士兵们不会对气味多加留心，而是尽可能忽略它们。这是由于前线的气味使人想起战斗的痕迹。如果说声音代表前有来者，那么气味则代表来者已去。气味体现了战争肆意凌虐人类生命的权力。美国兵纳特·弗兰克尔记得"皮开肉绽的人体和臭气"，以及汗和腐败物体的恶臭。一名前线的法国医生形容那是"人类受难的臭味"[79]。

和声音一样，气味划分了战场的界线。当美国兵罗伯特·格雷夫林向阿登高地的战线前进时，"明显的死亡气息"在提醒他，他离前线越来越近了。当唐纳德·伯吉特在离开数天后返回巴斯托涅战线时，他对前线的臭气感到十分害怕："我们需要时间远离杀戮和战场的气味——火药的气味、刚死之人的气味、生铁嵌入血肉的气味，还有烧焦的人体的气味。"因为死亡的恶臭无处不在，一名英国步兵回忆道，你"对它习以为常了"。但如果你下前线几天忘了这气味，那么等你回去时"它又会让你无所适从"。"糟透了！"[80]

战争的恶臭反映了战场的混乱。前线的臭气混杂了不同的来源：化学武器、烧焦的树木、受伤的身躯，以及腐烂的尸体。[81]"战争的气味就是无烟线状火药的气味，一种烧焦的味道。"美国兵比尔·斯库利称。在一场迫击炮弹幕攻击后，这种味道弥漫在整个意大利山间，弗里曼·阿特伍德回忆道。[82]无烟线状火药和脓，普通火药和鲜血，燃烧的金属和人肉的臭气，战争的恶臭混合了破坏之源（火力）及其造成的后果（死伤）。

士兵对战场的记忆正是这种因果关系的奇怪组合。英国兵伯特·伊舍伍德这样形容"帝国森林"："无烟线状火药的气味仍未散去，混杂着人肉的腐败臭味。""我的记忆里充斥着各种气味，"悉尼·雅里表示，"诺曼底的死牛散发出金属般的臭气，德国战俘身上有一股强烈刺鼻的臭味，还有刚被炮弹砸出来的弹坑会冒出一种恶心刺鼻的化学味道。""气味通常被认为是最能唤起一个人回忆的东西，"另一名步兵说，"直到今天我还能闻到，在那段日子里混杂着潮湿的土地、烧焦的无烟线状火药、砖头和石膏粉，以及脓的味道。"[83]

当美国中士罗伯特·康罗伊的朋友死在他怀里时，"灼烧的金属、残留的火药和人体皮肉混合产生的令人作呕的腐臭让我感到胃里翻江倒海"。"山顶弥漫着无烟线状火药的气味",戴尔·朗德海讲述道,还有"清新湿冷的空气中飘散的被火药烤焦的人肉气味"。"我逐渐明白,战场的气味就是腐烂的肉体、粉尘、烧焦的火药、烟雾和汽油的味道。"德国士兵西格弗里德·克纳佩表示。[84]

因为战场的声音关乎战略和功能,关乎危险和死亡,所以它们的道德价值尚属中性。相较而言,战场的臭气则确定了社会地位与道德价值。身上发臭意味着卑贱和不幸,尤其在身患痢疾的情况下。前线几乎每时每刻都隐约弥漫着一股腹泻的臭气。尽管部队已竭尽所能保持食物和厕所的干净卫生,但户外的生活和饮食使得士兵们面临着由空气或昆虫传播的疾病的威胁。[85]大概就是从这时起,"美国兵"一词开始成了腹泻的代名词。[86]根据理查德·斯坦纳德所言,前线救护战"以夸脱为单位"分发止痛剂,但只能起到暂时的效果。虽然痢疾在意大利或诺曼底的战役中并不常见,却于1944年12月在德国和比利时的战役期间爆发。[87]在赫特根森林和阿登高地混乱的战斗中,卫生设施的缺乏、糟糕的食物、压力,加之极度的严寒,所有这些因素让许多人患上了腹泻。[88]"沿着雪地里的褐色污渍,"据哈里·贾布利尔回忆,"你很容易就能跟上我们的连队。""从路上拉肚子的频率来看,我们有几十人患上了肠道疾病,"威廉·康登回忆道,"我们沿路留下的痕迹可谓壮观!"德军的情况并无二致。当他们开始在阿登高地撤退时,美国兵会通过沿路带血的粪便追踪他们。[89]

腹泻的臭气让人感到丢脸,弄脏裤子的情况并不少见。[90]"我的裤子后面现在暖和了,"一名步兵坦陈,"可它暖和之后,我却开始发臭。"[91]臭味说明你失去了对身体的控制,在已经岌岌可危的境遇中意识到这一点着实可怕。夜里，士兵们会一再离开散兵坑或帐篷，在风雪中冒生命危险，只为避免让人心生负罪感的恶臭。[92]当俯卧在雪地里的阿诺德·惠特克收到大自然的召唤时，"就像一封电报在告诉你，你刚刚下肚的K口粮必须马上排出"。他自问："我愿意冒光着屁股死掉的风险吗？"为了避免这种臭气，朗德海会在意外失禁后用他的双刃短刀割掉长内裤的屁股部分。他常常穿着几条这样刚到膝盖下方的长内裤。保罗·坎宁安在阿登高地的战友也会用双刃短刀做同样的事，但这通常意味着他们会受冻，因为如此一来他们便只剩外层的裤子御寒。[93]

附着在恶臭上的污名成了贬低敌人的办法。"他们不是难闻——他们是臭不可闻，"康罗伊这样评价德军，"那些机枪手身上的臭气简直闻所未闻……语言已经无法形容他们的体臭多么令人厌恶。我真怕自己会吐。"和康罗伊一样的士兵对空气中和前线那种"无孔不入的奇怪的德军臭气"印象深刻。[94]德国国防军俘虏的气味尤其令人唏嘘。

与此同时，谁也不能否认盟军士兵同样很臭。"如果敌人不是一样臭气熏天，他们也能闻到我们有多臭！"康罗伊称。当垃圾、泥、粪便和弄脏的内裤越积越多，加之汗臭的身体，散兵坑成了臭坑。[95]乔治·比德尔记得它们散发着臭汗和呕吐物的气味。"我们身上那各种各样的味道啊，几乎都是臭的。"在威廉·沃顿所著的有关阿登高地的小说中叙事者如是坦白。当康罗伊设法救朋友一命时，他"对战场的生活有了新的了解——受伤的人真臭！ 臭不可闻！ 还有他们的衣服也一样。"罗纳德·卢因指出，清水的缺乏"意味着浓烈的体臭"。美国兵迈克尔·比尔德走进盟军位于阿登高地的一处堡垒时几乎吐了出来："没有流动的水，所以厕所冲不了，也不能洗澡。人类排泄物的气味和体臭，混杂着火药、战壕足和伤口感染的气味，足以令魔鬼本身作呕。"夏天是臭气的季节。"在炎热的夏天，我们有时觉得坦克里的气味几乎让人无法忍受。"英国坦克驾驶员斯蒂芬·戴森如是道。[96]

　　一如声音，臭气使步兵们凝聚在一起。"我们都知道我们每个人身上的味道。"英国坦克驾驶员亚瑟·雷迪什回忆说。他继续道，幸运的是，所有人都拿它开玩笑。[97]士兵敏锐的嗅觉和其敏锐的听觉一样，都是在前线花时间练就的。大家终是选择了忍耐，同样也选择了顺从。所有人都在同一条船上，谁都拿这恶臭没办法。或许最重要的是，臭气成了士兵经验丰富的另一种标志。"你不敢在身边有人的时候脱下靴子，那脚臭会把旁边的家伙臭晕！"一名英国士兵玩笑道，"但你并不在乎别人身上臭不臭，因为你知道自己很臭。"[98]忍受战友的臭气，意味着你自己身上的恶臭也会被原谅。英国兵戴维·埃文斯回忆了一个名叫弗兰克的士兵的故事，他由于害怕一场突如其来的迫击炮进攻而大便失禁。他的战友让他躺在地上，帮他脱下裤子。"老天，那情况真是一团糟！他的内裤由于无法补救被扔得老远。有些伙计开始用草尽可能帮他把裤子擦干净，其他人则为他清洁双腿和身体。那臭味无比难闻。"尽管这名士兵后来因为其他事情被开过玩笑，但谁也没有再提过这件事。[99]因为无法控制自己的身体所带来的羞耻感，使得这些士兵团结在一起，尽管他们对这件事闭口不谈。

　　战场上弥漫最甚的气味来自死去的人。再多的训练也无法让士兵们为"死亡那令人毛骨悚然的恶臭"做好准备，英国上尉亨利·

皮尔斯如是说道。[100]尸体既不能动弹也不能说话，但它能释放一种气味——仿佛是死者最后的可怕举动。和生者一样，死者的臭味并没有敌我之分。德军、美军和英军的尸体都散发着同样的气味。"只有一种恶臭，仅此一种。"坟墓登记处的一名官员表示。坟墓登记处的人员熟知尸体的气味。其中有人表示："气味最糟糕的，是那些带着内伤死去三周之久，血液滞留在体内日益腐败的士兵。"[101]

尸体散发的气味无孔不入。"你怎么也无法习惯它。而且一段时间后，那恶臭会钻进你的衣服，嘴里也能尝到死亡的味道。"[102]"坟墓的气味侵入我的鼻孔，令人作呕。"费尔南·皮斯托称。路易-克里斯蒂安·米舍莱形容一堆腐烂的尸体散发出"令人难以忍受的恶臭"。"腐败的肉体气味会沾上你的衣服挥之不去。"英国兵 A.G.赫伯特同意道。"死亡的恶臭会在我们的鼻腔里流连数天。"英国兵雷蒙德·沃克回忆称。[103]美国军官查尔斯·麦克唐纳曾命令自己的士兵去掩埋尸体，他们回来后身上都带着"死亡的气味"。那味道"迅速弥漫在整个房间，令人作呕"。在诺曼底的法莱兹包围战中，数千德军阵亡，士兵们不得不忍受被称作"法莱兹气味"的臭气，它甚至升腾到了四五百米高空的喷火式战斗机驾驶舱内。沃克回忆称："等我们保持在棺材角*的时候，视觉、听觉和嗅觉才恢复灵敏。"[104]在死亡发生后，尸体令感官死而复生。

---

   * 大体相当于飞机的最大气动升限。——译者注

洋葱在厨灶上烹饪的醉人香味，和家人共享炖肉时令人安心的温暖，妈妈悉心烘烤的特制蛋糕——士兵们带着对这些食物的依恋上了战场。部队的口粮令他们崩溃。[105]仅以一个坑洞为床的前线绝非舒适之地。那些和安逸挂钩的一切，在战场上变得无法触及。倘若食物在家里意味着愉悦，如今在前线它便代表痛苦。千篇一律、寡淡无味的军粮是步兵在前线无聊和卑微的体现。食物的匮乏和低劣侵蚀着士兵的自我价值。

在一个不能洗澡、禁止触碰，同时缺乏性刺激的世界里，食物成了生理满足的唯一来源。保罗·富塞尔指出，或许正因如此，食物成了全世界所有士兵的焦点之所在。[106]第34步兵师曾流行一个玩笑，说的是"chow"（食物）一词和意大利问候语"ciao"（你好）之间谐音的笑话。这个笑话说道："没有什么比用同一个词来打招呼并讨要吃的更省时间的事了。"[107]就连瞄一眼诸如《红色简报》或《第45师新闻》这样的部队报纸都能发现步兵对于食物的念念不忘。新鲜的白面包和C口粮；由于突如其来的部队转移而被留下的美味羊排；一名伙房帮厨在作战时炖焖了一锅菜——这就是部队报纸头版新闻的内容。[108]"我们没完没了地讨论吃的，"法国兵让·纳瓦达在日记中记录，"仿佛除此之外我们无事可做。"[109]

家书、报纸和日记中满是对食物的关注。成千上万的士兵在信中对家人讲述他们所吃的食物，尤其在节日之际。圣诞节那天，一名法国士兵在日记中炫耀自己吃了羊肉和牛奶饲养的猪肉，外加一大瓶葡萄酒。J.A.加勒特是这样描述他的圣诞节意外收获的："一点朗姆酒、五瓶啤酒、五十根香烟、一个苹果、一个梨、一个橘子和一袋糖果，我们把糖果给了当地的幼儿园。"[110]

英国上校 W.S.布朗列则不太幸运。在一封写于 1944 年 12 月 25 日的家信中，他抱怨厨师用来盛晚餐的容器"冰冰凉"。美国兵莱斯特·阿特韦尔对于在法国梅斯附近食物短缺时所吃的每一样食物都了然于心："一点点炖菜或软烂的咸牛肉土豆丁、两块窄小的配给饼干、一杯咖啡，很幸运，还有一勺罐装的水果沙拉。"受伤的英国士兵 L.F.罗克记录了他在医院康复期间吃的每一口食物。例如，1944 年 12 月 13 日，他早餐享用了茶、麦片粥、一根香肠和土豆，以及涂抹人造黄油的两片面包。晚餐包括土豆、肉、豌豆和海绵蛋糕。下午茶时间又吃了两片搭配着人造黄油的面包、一片吐司，还有一些豌豆布丁。一天结束时的晚餐由汤、两片面包以及人造黄油和奶酪组成。这种对食物的执念表明了士兵的无所事事，但更重要的是，它体现了士兵对滋养的深切需求。好的食物让人感到慰藉。在一场尤为艰难的夜战过后，美国兵詹姆斯·格拉夫的连队几乎全军覆没，他回想起炊事吉普车载着早餐出现的情景："我记得我们吃了薄煎饼。"[111]

有些食物象征着家的温馨和正常的生活。[112]假如美国兵对肉厚多汁的嫩牛排念念不忘，这不单单是肚子饿的原因。J.R.麦基尔罗伊渴望吃上"正宗的美国汉堡，或者我妈做的家常菜"。漫画家比尔·莫尔丁表示："在悲惨而痛苦的战场上，人们容易执着于能将他们带回平民生活的任何事物，任何微小的细节，哪怕片刻也好。"美国兵奥克利·霍尼看向隔壁散兵坑的一个士兵，他摆出了一整套早餐的行头——白色餐布、各种餐具、一个盘子，还有一个咖啡杯。"你还以为他在什么高端大酒店呢!"霍尼感叹。当那名士兵的散兵坑被炮弹击中时,他因为蹲进坑里拿盐和胡椒而侥幸逃过一劫。[113]

食物也会在士兵们的梦境和幻想中出现。当美国兵勒罗伊·斯图尔特向德国挺进时,他开始重复做同一个梦——因火炮进攻受伤后,他会在一间医院醒来,吃着一大份热乎的肉汁土豆泥。在阿登高地每天以一罐豆子果腹的情况下,约翰·戴维斯从他的散兵坑里醒来,"看见一大盘热气腾腾的火鸡从空中飘过"。在一段漫长的行进中,雷蒙德·甘特"一边背着叮当作响的餐具在泥泞中快步跋涉,去吃毫无疑问由罐装肉和青豆组成的难以下咽的另一顿饭",一边想象自己在家最爱的美食以转移注意力。[114]

军粮的问题不在于数量,而在于质量。对于在大萧条时期长大的士兵而言(尤其在德国和美国),食物短缺是一种生活常态。幸运的是,除了极少数补给线被切断的情况外,美军和英军都得到了充分的补给。相比之下,德国士兵在第二次世界大战的最后几场战斗中是饿着肚子打的。他们在 1944 年的主要激励措施之一,便是让盟军仓促撤退,以便他们能吃到任何剩下的军粮。[115]胡贝特·格斯明白,检查覆盖在散兵坑上方的迷彩布内缘有可能搜出 C 口粮和 K 口粮。埃里克·尼斯记得自己在 1944 年的平安夜所经历的"痛苦至极的阵阵饥饿"。[116]

即便军粮几乎随时都能吃到,盟军士兵对其仍旧厌恶不已。"不论他们在哪里服役,也不论他们的背景或教养如何,"英国部队的史学工作者肖恩·朗登声称,"大多数士兵在一件事上达成了一致——他们厌恶军用食品。"[117]皇家陆军勤务部队为英国士兵提供食物。在战场之外，士兵们吃的是野战厨房的"大锅饭"（由那些用来做饭的大锅得名）。[118]除此之外，他们便靠组合型干粮过活，其中包括茶和饼干、富含维生素的巧克力、布丁以及罐装肉和奶酪。[119]士兵的反馈并非全是坏的。弗雷德·格拉斯普尔记得，组合包里有"各种各样绝佳的罐装食品"。有些布丁也得到了高度评价。哈珀描述了"一种味道赞不绝口的奶油米饭和奶油葡萄干面包，我常用罐装牛肉甚至珍贵的香烟来换"[120]。

但总体而言，英国士兵认为军粮很糟糕，尤其是没加牛奶或糖的麦片粥和常常被戏称作"狗饼干"的压缩饼干。士兵们经常在狭长的散兵坑里把这些饼干摆成一条线，以保持干燥。[121]"他们怎么会认为有人吃得下去这该死的玩意儿？"一名绰号"大眼"的步兵发问。"我家的猪吃得都比这好。""这还是战士的早餐呢。"一位军官嘲讽道。[122]士兵们表示，只有饥饿才会迫使他们吃这些东西。组合包里的肉和蔬菜汤"油太大"；鲑鱼"三分熟而且品质差"；炖牛尾"难闻到不可思议"，满是骨头，而且"过于油腻"。总而言之，肉类"寡淡无味、令人作呕"。最后，果酱布丁"湿漉漉的、难以消化"。[123]亚瑟·贾维斯第一次走进食堂的时候，他闻到食物的气味就退了出来。听到他抱怨后，一名下士让他等一个星期，到时他就会饿到什么都愿意吃。"事实的确如此，"贾维斯坦白说。稍微轻松一点的时候，士兵们会拿他们的口粮开玩笑。比尔·斯库利经常把奶酪往山下滚来闹着玩。"它硬得跟砖一样。"他玩笑道。当彼得·莱德在阿纳姆战线看见晚餐送到时，他假装一本正经地问："奶油脆饼跑哪儿去了？"[124]

美军的Ｃ口粮同样广受诟病。美国陆军的口粮由陆军技术勤务军需部队研制。"那些口粮可谓垃圾，尤其是Ｃ口粮，"比尔·布埃米称，"我早中晚吃的都是Ｃ口粮。到后来，只要一打开Ｃ口粮的罐头，'闻到那味道'，我就会吐，然后把那难吃的东西咽下去。我能理解战场上你是吃不到牛排的。"[125]Ｃ口粮在不加热的情况下尤其难吃，因为你得先把凝固在表面的油脂刮掉才行。[126]它有三个罐装的"肉类套餐"，代表一日三餐。它们分别是肉和豆子、肉和炖蔬菜、肉和蔬菜丁。[127]所有这三样菜式得到的都是负面评价。斯图尔特·克兰觉得它们"看上去闻起来都像狗吃的"。"那气味令人极度反感"，戴维·雷格勒一口也吃不下去。至于肉和炖蔬菜，拉里·科林斯"在实在别无选择的情况下能吃一点——就一点点"[128]。尽管饥饿难耐，莱斯特·阿特韦尔也没有吃炖蔬菜。根据军需兵团所言，肉和蔬菜丁尤其"不受欢迎"。但科林斯从意大利寄回的家信语气就没这么客气了："第三种是肉和蔬菜丁，只有那些快要饿死或者口味变态的人能吃得下去。"[129]

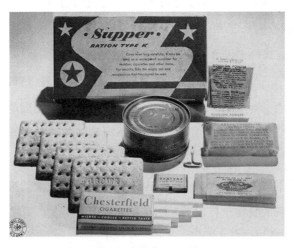

图1.1　日常Ｋ口粮

K 口粮也同样不受待见（见图 1.1）。一名接到指示给德国战俘分发 K 口粮饼干的美国兵玩笑道："不是有战争法条款规定禁止折磨战俘吗？"[130] K 口粮也被分发给法国部队，它收获了各种各样的评价。[131] 尽管 K 口粮的设计是供战场上两到三天食用的量，但步兵们常常不得不一连数周拿它果腹。[132] 在长期食用 K 口粮后，进食"真正的食物"会让你拉肚子。[133] K 口粮的包装是一个长方形的扁盒子，正好能塞进军装外套里，其中包括松饼、饼干、蛋粉、罐装肉或者奶酪、巧克力、一瓶柠檬饮料、一块口香糖和四根烟。工业化生产的 K 口粮由于缺乏任何新鲜原料而寡淡无味。根据阿特韦尔所言，那些硬松饼"尝起来就像在防腐剂或者被稀释的老鼠药里泡过一样"。"糟糕透顶"是朱利安·雅各布斯对蛋粉的形容词。[134]

士兵对食物的抱怨层出不穷。"我们吃了太多'美味的'C 口粮，"麦克·布卢姆表示，"以至于一看到它们我们就肚子痛——在部队这就意味着后门[此处删除]。"* "没什么比冷的 C 口粮更难吃的了（我今天只能咽下两餐）。"罗伯特·悉尼在意大利期间的日记中写道。彼得·贝普尔西称之为"冰冷的、罐装的、'令人厌恶'的 C 口粮"。[135] "为什么叫'C'呢？"莫里斯·库灵顿问，"因为你一次只能'sip'一下，抿一小口。"据莫尔丁称，德国战俘拿到 C 口粮的时候会高声抗议，因为他们本该得到和俘获者同样的食物，而他们不肯相信这就是美国兵的伙食。[136]

人们不禁要问：为什么军粮这么难吃？ 我们通常认为，军队的补给跟医院的食物一样，不好吃是常态。但事实上，军粮难吃乃事

---

* 此处原文删除，大意是像从飞机后舱门空投伞兵一样腹泻。——译者注

出有因。尽管盟军投入了大量心力为士兵生产优质食物，但要做出美味的食物却存在难以克服的困难。美军军粮就是一个很好的例子。首先，它们是功能性的，而不是为了满足味蕾。以英军和美军为例，食物是为了提供足够的能量让步兵能持续战斗。借用美军《士兵手册》中的话来说，军粮"经过了精挑细选，为的是强健身体，提供能量和耐力，让你能在战场上获胜"[137]。

为了追求这一更高的目标，味道便成了牺牲品。举例而言，在第二次世界大战初期，军需部队与好时公司签订合同为 K 口粮制造巧克力棒。其中军方明确提出，巧克力本身的味道"只能比煮熟的土豆稍好一点"。军方推论，如果巧克力太好吃，士兵可能"会拿它当糖吃，而不会留着它来补充能量"。[138] 如此一来，巧克力收获的评价可想而知。"如果你肠胃好，"杰拉尔德·克里汉表示，"或许你能吃得下去。"你得像"老鼠啃咬木板的棱角一样"吃它，克里夫·麦克丹尼尔回忆道。英军的巧克力同样是为能量而非味道设计的。又厚、又黑、又苦——那味道实在令人生畏。"我从没见过有谁把一整根这玩意儿一口气吃完的。"B.A.琼斯肯定地说道。[139]

另一个问题在于，军需部队决意不迎合"特定群体口味"[140]。任何被视作"具有民族特色"的食物都被排除在外——例如墨西哥菜。1941 年，由军需部队支持运作的生存研究实验室（Subsistence Research Lab）在一口未尝的情况下拒绝了某公司制作的墨西哥粽。该实验室依据模糊的"美国食物"概念研发菜单。这种乏味的蔬菜配肉的饮食将食物的所有传统价值和地域价值剥离了。尽管被称作"美式"，但这些食物在美国饮食习惯中并没有一席之地。[141]

除此之外，双方军队的运作都受到了便携性和持续性的限制。

他们的任务范围是全球性的——需要将军粮输送给在世界各地不同气候下作战的士兵。要做到这一点必须对食物进行装罐、脱水和包装——每一道工序都会破坏味道。给食物脱水就是将代表生命的水分去除。《美国佬》杂志戏称，食用脱水食物真的会让士兵"缩水"（见图1.2）。所有盟军士兵都极度渴望新鲜食物，并竭尽所能获得它们。有流言称，即便在诺曼底登陆当天，仍然有英国士兵捞起被炸死的鱼，把它们放进头盔里留待晚些时候吃。[142]

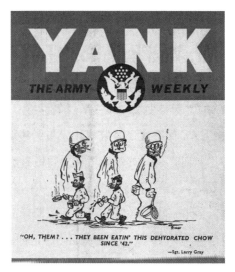

图1.2　美军周刊《美国佬》，1945年2月25日

寒冷的天气令步兵们渴望热饭热菜。战场上严禁点火，因为冒出的烟会暴露队伍的位置。一名英国士兵形容，送往他们战线且大受欢迎的自热汤"是第二次世界大战最好的发明之一"[143]。位于罐头底部中央，能用一根烟点燃的加热剂，四分钟就能把一罐汤热好。当美军的司务长往前线送餐时，他们会用稻草和毯子把食物包

起来保温。但倘若送饭的人迟到，或者认为前线太危险而不敢去，士兵们便只能沮丧地靠冷食果腹。"军用饭盒里的肉汁变成了油脂，土豆跟冰球一样，布丁也冻成了块儿。"彼得·莱德抱怨道。在阿登高地，美国步兵有时一连数周吃的都是被冻硬的C口粮。[144]"我们会用刺刀开一些冻硬的军粮，放进嘴里让它们融化，这样才能吃。"勒罗伊·斯图尔特回忆称。"我记得结冰的水壶、结冰的C口粮，尤其是炖菜或者肉丁里凝固的油脂。"雷·鲁利斯写道。拜伦·里伯恩讨厌"混在猪油和肉里的冰晶，就跟吃裹满油脂的冰块一样"[145]。

当美国兵勒罗伊·科利的小队到达集合点时，他感到欣喜若狂。"一顿热饭正等着我们排和所有E连的伙计们。是的，一顿热饭！我们能吃上热的C口粮了……从圣诞节到现在我们一直吃这个，但今天它是热的。所有人都对此心怀感激。"[146]J.J.库恩记得，在法国的那天晚上，"他们送来了土豆泥和牛肉酱。美味又实在的一餐！不用再吃K口粮了，而是美味又热乎的一餐！那天晚上我心想，或许我不用一直靠奶酪过活了，或许肚子里有了点实在的东西，我的腹泻就会好起来"[147]。

军粮几乎没有选择的余地。英军组合包装里的菜式千篇一律——分别是几罐炖羊肉、牛尾加青豆、牛肉配腰子、牛排和蔬菜，或者鲑鱼。[148]与此类似，C口粮也有三种罐装的"肉类套餐"。士兵们日复一日吃着这些重复的菜。英国坦克手斯蒂芬·戴森谈道："'一成不变'的罐装食物和复合军粮包装里坚硬的饼干令人生厌。""K口粮和C口粮的最大问题在于它们的单调乏味。"莫尔丁指出。[149]美国兵罗斯·卡特在意大利如是形容普通士兵吃饭的样子：

那家伙越来越饿,他没有哪个时候是不饿的。他没精打采地从防空洞的架子上取出一份晚餐的口粮。虽然他对包装上的文字烂熟于心,但为了消磨时间还是读了一遍。他甚至数了数以 M 开头的单词有几个,接着是以 N 开头的。他用刺刀撬开包装底部,撕下饼干上的蜡纸,嗤之以鼻地看了看猪肉玉米面包,然后把那条变味的口香糖和一小根巧克力棒塞进上衣的口袋里,等晚上站岗的时候嚼两口……他在缺乏唾液的嘴里慢慢用力咀嚼饼干,带着如牛一般空洞的表情望向正前方。[150]

假如食物在战争之前代表愉悦,那么前线的军粮则代表愉悦的彻底缺失。它们把吃所带来的丰富和快乐抹杀殆尽——正如战争将生活的丰富和快乐抹杀殆尽一样。它们也在提醒你前线的单调乏味——要么是行动之前的漫长等待,要么是对敌人无时无刻的观察。[151]这些食物没有任何独特之处,军粮让你想起自己在部队的籍籍无名。

也许最重要的是,军粮侮辱了士兵的尊严。节日是令人痛苦的,因为大家都期待特别的一餐,所以毫不特别的伙食会激起众怒。美国兵贝普尔西怨愤地记录了在比利时度过的一次感恩节。由于拿到的火鸡糟糕透顶,他愤怒地把鸡摔在了地上。"我们队的所有人都看着那只鸡,怒火中烧地恨不得拿它当球踢——暂且不说要打这该死的仗,谁想到给我们的火鸡竟然也冻个半硬!"[152]

冲锋陷阵的位置,厉声断喝的军官,上雨旁风的住处——所有这些都时时刻刻、日复一日地在提醒步兵,他们的地位多么卑微。美国步兵常常认为自己是军队中的"烂泥"。[153]"如今回想过去,"美国兵伯纳德·弗里登伯格写道,"我相信我们对所有不在步兵团的人都感到羡慕，因为我们步兵处在阶梯的最底层。""被送去当步兵是一种震惊的体验。"雷·米莱克回忆道。"没有人愿意当步兵，"美国兵格雷迪·阿林顿愤愤不平地表示，"凭什么我们要站在敌人面前，水兵却在清爽干净的大海上悠哉？空军却能凌驾于战争的喧嚣之上在空中驰骋，返回数英里外远离前线烂泥污水的舒适营房？"[154]至于英军，他们的叫法是 PBI(poor bloody infantry)，意即"苦不堪言的步兵"。"谁也不愿跟传统步兵扯上任何关系。"杰拉尔德·克什坦言。[155]

步兵用藐视一切的方式来维持自尊，食物也不例外。甘特是这样抱怨食物的：

> 当我们躺在巴斯托涅附近的树林里，我们每天吃的早餐大概是这样的：半汤勺热麦片粥，三分之一水杯的咖啡，一小茶匙糖(你可以选：要么放进咖啡，要么放进麦片粥)，一汤匙牛奶(选择同上)，四块军用硬饼干(全麦粉饼干大小的压缩饼干)，以及一片培根。我承认这是我们在情况不太好的日子里吃的伙食，通常我们吃得比这个好，但有时我们吃得比这个还差。而且许多时候，就连饭量最小的人都会举双手赞同某人说的妙语："在这个该死的部队里，你一星期吃的东西都不足以让你酣畅淋漓地拉一次屎！"[156]

甘特描述的是突出部战役期间巴斯托涅的情况。一连数天，降雪天气使得补给运输机无法将食物和弹药投放给第 1 步兵师。[157]但甘特个人对伙食一事十分不满。当上头指望你在天寒地冻里吃着压缩饼干打赢德军的战争机器时，他却看到自己的选择竟然只剩下一茶匙糖和一汤匙牛奶。即便身为步兵，甘特仍然要求自己得到像样的待遇。"像牲畜一样住在地上挖的坑里，长期吃着C口粮和K口粮，受着比做苦工好不了多少的待遇，让我们大多数人对步兵生活彻底失望。"罗伯特·鲍恩回忆道。[158]抱怨食物是步兵维持自身人性和尊严的方式。

4

步兵所依赖的还有另一种感受——本能的第六感。在意大利的米尼亚诺，熟睡中的威廉·孔兹于凌晨一点被战友推醒，他在数米之外挖了一个新战壕。"我有点恼火，因为我们要把战地电话和一些无线电设备转移过去，"孔兹回忆道，"他说他妈妈给他托梦让他换地方！我说他这是在战场待的时间太长了。"两个小时后，一次炮击将他们刚刚撤离的散兵坑摧毁。[159]第六感——一种"有什么不对劲"的感觉——保护了前线的士兵。那些遵从直觉的士兵往往能救自己一命。

第六感同样会预示死亡。尽管伞兵唐纳德·伯吉特自称不迷信，但他在巴斯托涅见证了第六感频频奏效："士兵在战场上对死亡的预感往往相当准确。""我有一种挥之不去的感觉，明天结束之前我将遭遇不测，"步枪手斯坦利·史密斯说道，"就像是一种预感。"事实上，他当天就身负重伤，命悬一线。英国步兵约翰·索普在1944年10月15日的日记中写道："今天和以往不同，我感到今天就是我的大限。"事实如他所言，他身负重伤离开前线，再也没能回去。"下个星期，在离这里数百英里的北方，有不好的事情等着我，逃不掉了……我能感觉到……"J.H.伯恩斯的小说中，一名美国兵对意大利前线如是预感道。[160]1946年3月30日，约翰·T.琼斯同样"预感会发生不好的事"，当天他便被飞来的弹片所伤。埃德·瓦德去世的前一晚，拉尔夫·斯盖普斯发现他在散兵坑里哭。这让斯盖普斯感到意外，因为埃德是那种"乐天派"。埃德解释说："他有一种预感，明天就是他的死劫。"他的预言成真了。杰克·里德的战友乔·博纳奇有一天对他说："里德，今天就是我们的死期，逃不掉了。"他一遍又一遍地说这句话，五分钟之后就战死了。英国滑翔机飞行员博维·特雷西对朋友锡德·卡彭特说："我真想再看一眼妻子和宝贝女儿。"卡彭特安慰他，他们会活下来的，很快就能回家。但特雷西没有得到安慰，他不久便牺牲了。[161]

就算这些预感并不一定意味着死亡，它们仍然令前线的士兵恐惧不已。当雷克斯·温菲尔德在比利时袭击一栋被德军占据的房子时，他想起了在伊普尔做过的一个梦，梦里他的喉咙中了七枪。雷克斯惊恐至极，断定同样的场景正在现实中上演："我要死了，并且对此无能为力。"事实上，喉部中弹的是他身后的士兵——正好七枪。[162]

和其他感官一样，第六感有助于士兵了解前线。在极其脆弱的处境下，步兵们竭尽所能阻止恐惧的侵蚀。将死亡和特定的日期挂钩，使得一眼望不到头的日子变成了有始有终的叙事。"在战斗条件下，每天、每周、每月变得千篇一律，"美国兵罗斯科·布朗特表示，"干嘛费事记日子呢？"[163]预测死亡决定了你在战争中发挥的作用，赋予了其具体的意义。更重要的是，知道自己大限将至至少给你一种虚妄的掌控感。如果说上前线是抽奖，那么能自己选号码总是好的。

＊—★—＊—★—＊—★— 5 —★—＊—★—＊—★—＊

此外便是所有感官暂停运作的情况。借用纳特·弗兰克尔所言："所有战争都存在一种普遍情况，我们在二战中称之为'两千年的凝视'。那是一种麻痹的表情，是一个无所眷恋的人双目圆睁的空洞眼神。"[164]战场上令人难以承受的感官场景有时会让步兵直接丧失神志。一名美国步兵回忆，在一次弹幕射击中他开始颤抖哭泣，接着把头猛地往树上撞："我丧失了感觉，什么也听不见。我不记得究竟发生了什么，但我走在路上，我记得看到一个士兵从坦克里爬出来，两个手臂都没了。我记得自己上前帮助他，然后就什么也记不清了。我想我肯定是失去了神志。"[165]

对于这名士兵而言，失去听觉和失去神志基本上是同一件事。他向我们表明了感官对于作战的关键作用。英国人称之为"战斗耗竭"或者"卫兵的癔症"，它是由极度的感官刺激导致的。医生认为它类似于第一次世界大战中出现的"炮弹休克症"。英国精神病学家 H.A.帕默阐释了士兵的症状："他的中枢神经系统此时已经关闭，他可能出现神志不清、精神分裂的情况。"[166]美国兵把这种麻木状态称作"爆炸性精神异常症"——彼得·莱德形容当事人的状态为"一无所知，毫不在乎，不顾危险"[167]。

茫然的眼神便是这种症状的征兆。工程兵内德·佩蒂在诺曼底遇到了一群士兵，这 85 人已经连续作战三周。他们队伍最初的人数是 600 人。"他们起身的时候，我觉得这些人有些不对劲。他们一动不动地站着，眼神呆滞。所有人都脏兮兮的，站着的样子就好像还在梦里一般。"在意大利经历了一场漫长的战斗后，莫里斯·库灵顿对着镜子刮胡子时被眼前的模样吓了一跳。"我知道会看见邋遢的脸和长长的胡子，但没想到我的眼神那么沧桑，无精打采，茫然若失。我看向其他人，发现他们也一样。""你从一个步兵的眼神就能判断他在战场上待了多久。"比尔·莫尔丁写道。爱德华·阿恩在突出部战役期间见到了新兵训练营时期的一个老朋友："贝克满身污垢，双眼呆滞无神。他处在一种完全震惊的状态。""在连续数周精神紧绷、睡眠不足且面临死亡的日子过后，"拉尔夫·斯盖普斯回忆道，"我们下前线时都带着丧尸般呆滞的表情——一种对任何事都麻木不仁、漠不关心的状态。"[168]

无处不在的战斗疲劳让我们意识到，人类的感官在前线遭受着极端暴力。战场上的声音、气味和景象有时（或者说最终）会失去意义。一旦感官投降，士兵会变得极度脆弱。由于无法再为自己辨别方向，他不得不被撤离战场。士兵通常能在远离前线的喧嚣、恶臭和杀戮后恢复正常，有时却无法复原。但在屈服之前，感官算得上士兵最好的朋友。对火炮声的准确解读让士兵能区分敌我，在战场上给自己定位，并寻求掩护。周围的痛苦呻吟能让他了解战斗的进展。"第六感"的直觉被证明是可靠的指引。对感官的理解同样建立了士兵之间的同志情谊。随着步兵分享各自的感官印象，并赋予其共同的意义，他们发展了一种有别于上级的文化。对食物的抱怨成了集体自尊的宣言。发臭、挨饿的苦难不仅喜欢有人做伴，而且成就了士兵之间惺惺相惜的情谊。

地图 2　意大利战场

第二章　肮脏的身体

1945 年 2 月 27 日，漫画家比尔·莫尔丁立正站在乔治·S.巴顿将军面前的地毯上。莫尔丁中士为《星条旗报》连载名为《上前线》的系列漫画，主人公威利和乔是两名满身污垢、胡子拉碴的美国士兵。这对卡通搭档严重冒犯了巴顿，他扬言如果不解雇莫尔丁，就要在第 3 军区域禁止发行作为美国陆军报的《星条旗报》。这一警告让艾森豪威尔感到不悦，他认为一份为士兵刊发的独立报纸能发挥重要作用。[1]司令部派奥斯卡·索尔伯特将军前去和莫尔丁谈话。索尔伯特对这名漫画家坦言，巴顿"对卫生这件事有执念"。借用《时代》杂志的话，除非漫画里"不愁吃穿的丑角儿把自己整干净"，否则他是不会满意的。[2]有没有可能，索尔伯特问莫尔丁，"把你的那两个人物收拾干净一点……有些刚从美国过来充当步兵补充兵的年轻人，以为他们要在泥巴沟里打滚再长出络腮胡子才能受到其他士兵的认可"。为了进一步缓和紧张的局面，艾森豪威尔的助手哈利·布彻致电巴顿，问他是否愿意和莫尔丁亲自见一面。"要是那个该死的家伙踏进第 3 军一步，我就把他扔进监狱。"巴顿如是回答。[3]然而，巴顿最终同意会见莫尔丁。对布彻而言，他希望"二人的思想交流能让两个漫画人物焕然一新"[4]。

莫尔丁剃去胡子洗漱一番，把自己打理得一丝不苟，然后乘坐吉普车前往巴顿位于卢森堡的住所。后来他形容这次行程是一场"自杀任务"。"那是我见过的最凶狠的两双眼睛"，这是莫尔丁走进办公室时对巴顿及其斗牛犬威利的印象。巴顿立刻对莫尔丁咆哮起来："你居然把那两个糟糕透顶的东西称作士兵！"他一边挥舞着莫尔丁的漫画，一边大声斥责莫尔丁在危害国家。"你把他们画得像该死的流浪汉一样，"他厉声道，"你想干什么？煽动该死的叛乱吗？"没有整洁的形象，他继续道，陆军"连一个尿湿的纸袋子都捅不破"。德国人应该给莫尔丁颁发奖章，因为他帮他们"破坏了我们的纪律"。巴顿敦促莫尔丁教士兵如何自重，而不是鼓励他们"胡子拉碴、衣衫褴褛地到处乱跑"。[5]

作为一名西点军校出身的职业军人，巴顿认为整洁关乎纪律，肮脏代表堕落。在他看来，一个满身污秽的士兵是一个不听指挥、自甘堕落的人。众所周知，巴顿对于保持整洁形象的坚决主张远甚于其他将军。步兵保罗·富塞尔愤怒地说道，巴顿手下的许多士兵到死还保持着一丝不苟的着装。[6]虽然痛骂了一场，但巴顿并未赢得布彻所说的"莫尔丁之战"。布彻在日记中写道，这次会面"是'没有安打，没有得分，纯属失误'之举"。莫尔丁将这次不快之旅抛诸脑后，回到巴黎按照自己的意愿继续为《上前线》作画。他对《时代》杂志表示："我对创作是全情投入的。"该周刊报道称，威利和乔"依旧邋里邋遢，桀骜不驯"[7]。

为什么《圣经》里的男孩大卫能战胜巨人歌利亚？答案很简单。下级之所以能战胜上级，是因为《上前线》在士兵中间大受欢迎。正如一位记者所言，莫尔丁已经成了意大利和法国前线后方

"所有战士的偶像"[8]。**禁止**出版《上前线》才会在第 3 军引发"该死的叛乱"。作为两次普利策奖得主，莫尔丁是公认的最重要的战争漫画家。当时，人们认为他和厄尼·派尔是唯二对普通士兵的生存状况实话实说的记者。即便到了今天，历史学家仍然将《上前线》视作了解前线的窗口。"这是美国士兵的真实声音，"斯蒂芬·安布罗斯表示，"如果有人想了解二战中的步兵，应该以这本书为始——也应以它为终。"[9]

威利和乔因为他们邋遢凌乱的形象而深受喜爱。就这一点而言，莫尔丁确实为步兵生活提供了一面镜子。前线士兵变得满身污垢，再也没有重回干净的模样。与此同时，污渍在《上前线》里获得了新的意义。索尔伯特将军敦促莫尔丁把威利和乔"收拾干净"，因为"有些刚从美国过来充当步兵补充兵的年轻人，以为他们要在泥巴沟里打滚再长出络腮胡子才能受到其他士兵的认可"。如果说步兵补充兵故意在泥坑里打滚，那是因为莫尔丁让肮脏的身体变成了士兵趋之若鹜的目标。

在新兵训练营里，士兵们被要求达到极高的清洁标准。一具肮脏的身体被视作道德败坏的象征。然而在《上前线》中，污秽成了真勇士的标志。莫尔丁笔下的两个步兵在战场上历尽艰险，他们有身上的污泥为证。借用记者厄尼·派尔所言，威利和乔是"我们庞大部队的缩影，是他们亲赴沙场，在那个截然不同的世界里出生入死"[10]。换言之，他们是真正的英雄。在《上前线》里，背负耻辱之名的不是肮脏，而是干净。出现在这个系列漫画中的中尉和中士或许扬扬得意地穿着一尘不染的制服，但正是衣冠楚楚的形象让他们饱受诟病。在莫尔丁的世界里，一个干净的士兵是躲在后方的缩头乌龟，好让自己免遭战争的腥风血雨。

莫尔丁最大的成就是帮助士兵们面对他们在前线经历的身体变化。战场上的士兵逐渐变得难以辨认，不仅对别人而言如此，甚至连他们自己也认不出自己。以格兰迪·P.阿林顿为例，他在法国遇见了一个老家的旧识：

> 有一个朋友的模样让我尤为难忘，那是我以前在阿肯萨斯大学认识的一个男孩。他一向衣着得体，干净利索，谈吐风趣。那天见到他的时候我震惊不已。他的衣服又脏又湿，还被横跨整个齐格菲防线的蛇腹形铁丝网刮得破烂不堪。他的头发互相纠缠，又长又乱地耷拉着。他的胡子似乎是从布满黑烟灰的脸上刺出来，不像是长出来的。他的双眼深陷，眼眶红红的，双手因为在敌人的火力下不得不像爬虫一样顶着严寒和尘土匍匐行进而沾满污垢，裂着一道道口子，变得僵硬……显然，我自己大学时期的样貌也发生了很大变化，因为我必须向我的朋友介绍自己。他顿时一脸震惊。我不禁心想，对于曾经把自己视作人类的我们而言，这样的生活还能忍受多久？我们还能重拾体面感吗？[11]

莫尔丁将肮脏变成了真勇士的标志，这为阿林顿提供了另一个视角来理解自己沧桑凌乱的形象。这位漫画家表明，成就优秀士兵的不是干净的肥皂，而是肮脏的泥土。当然，除了巴顿的第 3 军。

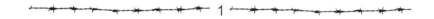

1

清洁和道德之间的联系形成于 19 世纪早期，彼时，社会上出现了一种排斥污秽和其臭味的新趋势。城市市政官员开始清除人类污秽。他们安装下水道和室内管道，兴建公园，并建立公共卫生机构。[12]长此以往，卫生便逐渐和健康与道德联系起来。随着细菌理论被大众接受，人们也开始相信肮脏的习惯不仅会威胁自己的健康，还会威胁他人的健康。在巴顿成长的世界里，臭味已经被污名化，而且必须除去，这一举措有时被称为"除臭"。[13]

军事机构属于最先实施超高卫生标准的群体之一。到了 20 世纪 40 年代，部队已将纪律作为良好卫生习惯的先决条件和产物。[14]"如果个人卫生不勤于落实，战斗体能训练将功亏一篑。"一份 1944 年的英国步兵训练手册如是称，其中继续道："对卫生准则的忽视或懈怠，不仅会迅速削弱个人能力，而且将影响整个部队。""卫生是每个士兵训练不可或缺的部分，"一份美国训练手册宣称，"保持身体各个部位的高度清洁……勤洗澡，每次洗完澡换干净衣物。"肮脏和清洁的概念互相纠缠，难解难分。肮脏必须被污名化以证明事无巨细的清洁制度的正确；反之，越来越高的卫生标准将肮脏进一步污名化。[15]

显然，盟军想让自己的士兵保持健康强壮。到了 20 世纪 40 年代，健康和卫生之间的关联已变得无可争辩。在众多由不卫生的操作引发的疾病中，痢疾和战壕足只是其中两种。军官们觉得有道德责任确保部下的健康。对身体的细致护理同样教导士兵们要注意细节。一旦他们被部署，这一技能将在无数任务中发挥至关重要的作用。

与此同时，对清洁的坚持是管理士兵身体的一种方式，即便是在其最私密的功能上。[16]美军的指导手册事无巨细地列出了必须清洗的身体部位：头皮、耳朵、眼睑、眼睛、鼻子、腋窝、双手、双脚、胯部、直肠和生殖器，包括包皮下面。刷牙要"内外兼顾，远离牙龈，朝牙齿的切面刷"。大便要"每天一次，尽量在同一时间点"，使消化道排出毒素。[17]

如果制服不够完美，床铺不够整洁，军靴不够锃亮，英军和美军的新兵都会受到惩罚。尽管英国新兵常常在没有自来水的城堡和军营接受训练，但他们的制服必须"一尘不染"，房间"要打扫擦亮，床铺要收拾得像书一样棱角分明"。[18]"对个人卫生的强调一直存在。无论在怎样的压力下，刮脸洗漱永远是早上的第一要务。"W.S.布朗利表示。[19]甚至不长胡子的人也被要求每天刮胡子。[20]戴维·霍尔布鲁克记得，一名负责检查的军官在他战友的口袋盖上发现了一点枪油的"污渍"，于是"罚他走步，以示惩戒"。H.C.艾布拉姆斯想起了他"装模作样"把床垫卷到床头，好让士官检查他的床铺是否一尘不染的可笑场景。乔治·尼尔在家信中告诉父母，他们一吃完晚饭就会在军营来一场"士兵派对"。"包括把所有的床搬到外面，擦洗地板，清洗窗户等等。"[21]

这些做法成了英式幽默把玩的笑柄。晋升为训练营的一等兵后，道格拉斯·萨瑟兰戏称，他"逐渐习惯了自己的职责，我甚至很高兴能指导年轻士兵进行如此重要的军务——我教他们把战靴鞋头擦出特定的光泽，或者教他们如何正确使用纽扣垫板，以便在不让擦铜水殃及其他部位的情况下把纽扣擦得焕然一新"。安东尼·科特雷尔记得，他的准尉副官曾"义愤填膺"地痛斥"我们营房周围可耻的状况。那里有几根火柴杆，而且他亲眼看见了一个空烟盒。这似乎毁了他一整天的心情"。关于检查一事，科特雷尔表示："我一辈子没被人这么仔细地看过。""我把自己从头到脚洗了个遍，裤子整理得棱角分明，靴子和枪管擦得锃亮，牛津带清洗得干干净净，还因为胡子刮得过于认真而起了疹子。"杰拉尔德·克尔什写道。[22]（最聪明的士兵会"设法置备"另一套装备专门应对检查。[23]）当克尔什接到命令为英国陆军部制作一份步兵训练手册时，他想出的名称是《死也要保证军靴是干净的》。可想而知，这一标题被认为不适合"盖上英王陛下的印章"[24]。

航脏不仅有失体面——它还具有煽动性。巴顿对莫尔丁笔下的肮脏步兵嗤之以鼻，认为他们"扰乱了我们的纪律"。肮脏意味着有些东西——比如污泥、尘土、油脂、食物——出现在了不该出现的地方。相反，干净意味着一切都各归其位。它代表了秩序和等级制度，这是军队的基本原则。一支不干净的队伍可能变得桀骜不驯。"干净被认为具有很高的道德价值。邋遢的人缺乏自重。"一份英军手册指出，"健康的身体、良好的作风、高昂的士气和对自我的尊重，这些在肮脏的环境下难以为继。不干净的习惯不仅让你令人反感，也让你变得危险。"[25]它不单关系到新兵的健康，还关系到他们的道德品质。拥有一具肮脏的身体是一种耻辱。

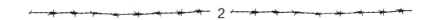

2

然而有一个问题。要在战场上获胜，士兵们必然会变脏。"打德国佬是不能按昆斯伯里制定的拳击规则来的。"莫尔丁表示。[26]高卫生标准适用于训练营，但未必适用于战场。意大利战役就是很好的例子。1943年秋末，随着盟军逐渐向北挺进罗马，连续不断的降雨把战斗变成了一场枯燥的泥巴大战。在美国兵米洛·格林的记忆中，沃尔图诺河畔的泥巴"到处都是……你走在泥巴里……吃在泥巴里……还常常睡在泥巴里"[27]。法国人乔治·戈迪是摩洛哥散兵的指挥官，据他所言，美国第 34 步兵师的营地"在液态土壤里游泳……要六十辆推土机才能把地面清理干净，搭建一个能长期睡觉的地方"。"泥巴越来越稠，越积越深，直到有些地方没过我的大腿。"英国士兵布赖恩·哈珀写道。苏格兰士兵沃特尔·艾略特记得，他们曾整夜在狭长战壕里往外舀泥巴，好让他们能在白天的时候安全地待在地下。但是"那泥巴湿漉漉的"，战壕里很快又被堆满，他也浑身湿透。记者费尔南·皮斯托用"泥人"形容他在意大利看到的法国士兵。[28]

讽刺的是，尽管大雨滂沱，却还出现了缺水的情况。当步兵尾随德军进入意大利山脉时，水成了珍贵的必需品。每一滴水都要运到部队那里，这一任务通常由骡子完成。在这种情况下，个人卫生成了谁也负担不起的奢侈品。所有的水都是用来喝的。士兵们不再刮脸，胡子越长越长。制服逐渐沾满了油渍和泥土，脸也被烧焦的火药弄得黝黑。[29]据美国兵拉尔夫·斯盖普斯回忆："我们在凶残的世界里像野兽一样一连生活了数月，无时无刻不在面对死亡的必然。我们满身污秽，没有洗澡，没有刮脸，没有毯子也没有被子，就那么睡在地上。"[30]"最糟糕的部分是肮脏，是饥饿，是寒冷，是像牲口一样活着。"美国兵戴维·雷格勒写道。[31]诸如"狗脸"或"狗子"等指代美国步兵的绰号为他们打上了动物的烙印。

发臭和肮脏不是一件好玩的事。谁也不想内裤上沾着干硬的大便。"很难想象还会有谁比我们这群人更悲惨的了。"罗斯·卡特对于自己在意大利的境况如是写道。他记得，在前线的十七天里，"我们没洗过手，没刮过胡子，脱下靴子的次数也不超过三次"。德国步兵汉斯·施托克向家人抱怨，他的连队一连数周"没洗漱过，也无人问津"[32]。洗澡成了最纯粹的享受。当淋浴卡车开到意大利前线时，美国士兵会排起长队等待，只为脱下衣服洗五分钟澡，然后擦干身体换上新衣服。卡特和他的战友索卡尔"出来的时候容光焕发"。"埃加德，马克，"索加尔说，"我感觉像十六岁刚经历初吻的孩子一样。"[33]1945年初，D.H.迪恩上尉休假，目的是直奔佛罗伦萨"洗个澡，剪个头，再洗个头——简直飘飘欲仙"。"太棒了，洗了个澡，这是诺曼底登陆以来洗的第一个热水澡。"英国人约翰·索普在10月1日的日记中记录道。"这里的淋浴太舒服了。"理查德·桑纳在阿尔萨斯时感叹。"试想一下，一个星期没刮胡子，没刷牙，没洗澡。把这些人召集起来，让他们洗个澡，再刷个牙刮个脸，他们绝对士气高涨。"[34]

除了清洗干净所带来的愉悦，洗澡和刮脸让士兵在情绪上拉开了与战争的距离。刮脸能使士兵感到精神振奋，借用肖恩·朗登的话来说，这是因为"用剃刀刮胡子对他们来说是一件乐事——仿佛胡茬象征了所有累积的污垢和疲惫。拥有一张干净的面孔是跟文明的最后一丝联系，而且刮胡子令人感到解脱，它象征性地让士兵远离了战争的腐蚀——哪怕几分钟也好"[35]。英国兵斯图尔特·莫森也喜欢刮脸给他带来的"文明的安全感"[36]。

与此同时，肮脏又有其罪恶的魅力。首先，它意味着你避开了要保持绝对干净的神圣戒律。"躲避大多数无意义规定的唯一途径就是上战场，天高皇帝远，谁也不会来检查我们。"保罗·富塞尔回忆说。朗登沉思道，英国步兵在诺曼底的形象"肯定会让他们的训练官暴跳如雷"。然而当军官不愿放宽规定时，他们看起来更像狭隘的独裁者，而不是健康的管理者。法国人皮斯托满意地指出，在寒冷的意大利山脉，士兵们仍然想方设法刮胡子。B.A.琼斯回想起1944年12月一个寒冷的早晨发生的一件事。有两名士兵出现的时候没刮胡子，结果被带往去污小队，那里的人把他们泡在冰冷刺骨的水里用地板刷给他们擦洗。通宵站岗后，帕特里克·德拉福斯遇到了他的指挥官诺曼·扬，对方问他有没有刮胡子。"去你的，你以为我们一晚上都在干嘛？"德拉福斯想这样说，但他忍住了："马上就去，诺曼，马上。""我想我们的样子跟流浪汉或者无家可归的人差不多吧，"美国兵韦恩·柯比在谈到山区作战时说，"总之，上头下了指令，吩咐所有人一天之内把胡子刮干净。我记得我们都觉得这个指令愚蠢至极，要知道我们每天能用的大概也就一升水。"[37]

对于战场上的士兵而言，卫生规定看上去越来越像为了控制而控制。正因如此，它们招致了不以为然的反抗。英国兵哈珀形容一个士兵设法在意大利山区刮胡子的举动是自讨苦吃："他脱下靴子和外套，导致身上冻得铁青。又把袜子挂起来想要晾干，可刚开始结冰的袜子已经有点发硬。他拿剃刀往结冰的水里戳……试图给自己刮胡子。结果他用力刮去胡茬的部位有血渗出，很快便凝固了。"[38]维护这些标准的士兵成了大家的笑柄。1943年12月，《第45步兵师新闻报》（以下简称《第45师新闻报》）讽刺了一名甚至在战斗时还设法保持干净的士兵。该报为这个名叫爱德华·史密斯的美国兵冠以"卫生"的绰号，他"对刚入伍时接受的说教印象深刻"。他"想方设法"让衣服保持平整，"不想从浴缸出来后弄脏双脚"，于是在火炮袭击期间留在了浴缸里。[39]这里的"卫生"一词暗含愚蠢柔弱之意。与之相比，一个肮脏的士兵则敢于面对战场的现实。到1943年底，肮脏和干净的含义开始在意大利发生变化。促成这一转变的关键人物就是莫尔丁。

3

在意大利跟随第45步兵师向北前进的过程中，比尔·莫尔丁自己也经常面对泥巴的问题。作为新墨西哥州一个贫苦人家出身的孩子，这位未来的漫画家总是纸笔随身。他只在艺术学校上了一年学，随后便试图通过设计菜单和为牛仔竞技画插图等途径谋生。由于生活难以为继，他于1940年加入预备役。第二次世界大战开始后他成为了步兵，在继续作画的同时将作品递交给所属部队的报纸。[40]他的作品以美国国歌《星光灿烂的旗帜》为标题，在美国士兵中大受欢迎。1944年2月，他受邀入职《星条旗报》。该报专门为他配备了一辆吉普车，准许他在意大利自由通行。于是他跟随前线部队向北往罗马行进。

步兵的肮脏激发了《上前线》的创作灵感。莫尔丁用漫画的方式表达了自己对步兵从前线返回后所受到的待遇的愤慨。在那不勒斯，也就是莫尔丁为《第45师新闻报》工作的地方，士兵会从山上的哨所下来休假。"他的鞋子沾满了泥，衣服上满是污垢，破烂不堪，往往还沾着血迹。他胡子拉碴，头发也很长，而且你大老远就能闻到他身上的气味。"莫尔丁回忆道。城里的美国军官认为这些士兵道德败坏，于是他们刚进城就以"不服从命令"为由将他们关进监狱。莫尔丁在战后的一次演讲中说道："那些形容枯槁的士兵从前线下来休息，结果还没来得及换衣服，就被军官和他手下过于积极的宪兵成卡车地逮捕起来，以制服不洁为由关进监狱。"在监狱"休假"四天后，这些士兵刮了胡子，洗了澡，接着又被送回他们的散兵坑。[41]几个月后，莫尔丁在安齐奥又一次目睹宪兵在码头抓捕步兵，要把他们在监狱关五天。[42]莫尔丁指出：

> 这还不够，士兵们觉得，当他们在难以言说的悲惨而危险的境遇中受苦时，这些"外表光鲜的家伙"却在舒适又安全的城里工作。不，这还不够。当士兵们回来试图过几天远离战争的日子时，这些"后方梯队的游手好闲者"还要死缠着他们不放。[43]

目睹这些事件坚定了莫尔丁的决心，他要"为底层士兵发声"，为"瑟瑟发抖的步兵"带去些许快乐。[44]而他也收获了士兵的喜爱。

如果说步兵在那不勒斯和安齐奥被当作脏东西一样对待，那是因为肮脏是阶级刻板印象的根源。英国和美国的工人阶层都因为自身的"污秽"而遭到侮蔑。20世纪30年代，乔治·奥威尔提出，"西方阶级差别的秘密"可以总结为"四个可怕的字——下层气味"。[45]因为绝大多数步兵出身贫寒或缺乏教育，许多人早已经历过他们"肮脏、破烂，且常常血迹斑斑的"衣服所附带的偏见。[46]非裔美国人、犹太人，以及非欧洲裔人群都被打上了类似的烙印。反犹太者常说的一句诋毁就是"肮脏的犹太人"[47]。个人卫生再次成为划分文明和非文明的界限。如果你皮肤暗黑，不论是因为体内色素还是因为尘土，你都站到了错误的一边。步兵由于身上的污秽被认定道德败坏，这也解释了为什么军官觉得他们应该被关进监狱。

莫尔丁的《上前线》反驳了这些刻板印象，他提出，"这些样貌奇怪、满身污泥在战场上拼杀的人"很在意自己的形象。他们也不想又脏又臭，他们身上的污泥不过是"战争不可避免的诅咒"。"他们恨不得泥巴是干的，"莫尔丁表示，"他们也恨不得咖啡是热的。"[48]在一幅漫画中，威利的刷子和剃刀卡在他打满肥皂的胡子里，几乎无法使用。"我发誓，长官，我尽力了。"他向不在画面里的军官保证道。在另一幅漫画中，三个美国兵站在没过脚踝的泥巴里，看着一群飞机从头顶飞过。"我倒不是羡慕他们有多威风，"其中一人说，"我只是羡慕他们等会儿就能洗澡了！"[49]还有一幅漫画里，威利和乔在前线面对面，两人的外套上沾满了泥巴，黑黑的草茎和叶子缠绕在头盔上。"我有点宿醉，看得出来吗？"威利问。在一幅著名的漫画中，威利在泥坑里洗澡，他还邀请乔一起洗。"不用了，威利，谢谢你，"乔说，"我还是去找个没用过的泥坑吧。"[50]豪华酒店的浴巾不合时宜地搭在他的手臂上，手里的肥皂暗示了战场上无用的高清洁标准。

事实上，泥土也可以成为朋友。1944年在安齐奥，麦克·布卢姆记得："士兵会在地上挖一个深坑，在上面半掩着铺一些树枝，再把土往上面堆回去，快乐'老家'就做好啦。"而且《上前线》也有一幅相关的漫画，其中乔在法国挖散兵坑时宣布："我决定啦，威利，我以后要做研究欧洲土壤种类的教授。"其实，许多盟军士兵从他们战斗过的地方收集了土壤样本——北非、西西里岛、意大利、法国。正如彼得·斯赫雷弗所言："步兵一直跟土地很亲近。他们跑的时候低着头，他们经常弯腰或者蹲下。"[51]尤其在炮击期间，士兵会"拥抱"土地。"快趴下！"成了求生的呼喊。[52]这句话出现在莫尔丁最著名的一幅漫画中，画的是一位牧师在炮弹开始袭来时匆忙结束祈祷的场景："……至死不渝，阿门。快趴下！"炮火下的步兵学会了尽可能全力地钻入"大地母亲"的怀抱。泥土不仅帮他们遮风挡雨，还帮他们抵御死亡和危险。

4

莫尔丁减轻了士兵的羞耻感。与此同时，他承认肮脏具有其反叛性，也就是巴顿所说的"破坏纪律"的不良影响。在一幅漫画中，威利在意大利山间把一壶水递给前线的战友们。"把它喝光，伙计们。"他说，"那些命令我们刮胡子的人不会上这儿来检查的。"[53]莫尔丁的言下之意是，那些军官不仅来不了，而且他们不想——甚至不敢——爬上这前线。所以，在山上没有必要担心后方梯队的"无用要求"。此处威利拒绝刮脸的举动源自战斗经验，而非懒惰的习惯。他的邋遢是理性反抗的象征。对命令表面上的违抗实则基于更高层次的逻辑。

在1944年1月发表的一幅漫画中，莫尔丁描绘了一支步兵连在意大利一个遭到轰炸的区域休息的场景。士兵们满脸胡茬、精疲力竭地四散坐着。当同样满脸胡茬的中士命令他们打扫兵营时——"我需要铺石子的、砍柴的、挖壕沟的、铲泥巴的，以及搬石头的。我们要把这里变成整个团最像样的休息区"——士兵们尽量对他充耳不闻。[54]中士才是出糗的那个，他的努力只能证明他的权威有限。

这个笑话或许就体现了巴顿眼中《上前线》对于军队的威胁。巴顿机敏地在莫尔丁笔下肮脏的士兵身上认识到其自身命令的局限性。莫尔丁并非有意公然挑战军规。虽然他的确偶尔提及其漫画的"煽动性"和"反抗性"，但他最想做的是给人们带去欢笑。[55]他首先深信，步兵和他们的苦难不应被忽视。[56]"我坚信，步兵是整个军队中付出最多、回报却最少的群体，"他在1945年写道，"我为步兵创作关于他们的漫画，因为我了解他们的生活，也懂得他们的抱怨。"[57]

即便1944年初莫尔丁入职《星条旗报》后，他仍然会开着吉普车跟随步兵，兼顾着前线和报社办公室的工作。当《星条旗报》的一名读者质疑"莫尔丁从未上过战场，大概以后也不会，那么其漫画的真实性何在"时，该报的编辑立刻告知他莫尔丁曾在第45步兵师服役的事实。莫尔丁在第45步兵师的经历奠定了他对前线所述为实的声誉。正如《时代》杂志所言，他"能画出真实的步兵，因为他自己从18岁开始就成了步兵的一员"。《第45师新闻报》的编辑唐·鲁宾逊证实，"只要有机会，莫尔丁就会带着装备上战场。如果指挥官允许，他会参与真枪实弹的作战，跟其他士兵一起巡逻，能上的都会上"[58]。

莫尔丁视自己为战场上的老兵，尽管斯蒂芬·安布罗斯声称莫尔丁传递了步兵的"真实声音"，但他却从不自诩如此。至于威利和乔，他们大概会嘲笑这种断言。事实上，莫尔丁现实主义风格的声誉来自一群杰出的记者——其中最重要的当属厄尼·派尔，他同样因为对战争的真实描写而广受赞誉。[59]（奥马尔·布拉德利将军曾在评价莫尔丁时表示，他"把厄尼·派尔所写的战争画了出来"[60]。）派尔形容《上前线》"可怕而真实"，威利"比起普通人家的孩子更像一个流浪汉。事实上，这完全就是一个长期在前线作战的步兵的形象，而这种形象是不好看的"。《时代》杂志的威尔·朗也认同这一观点，称威利和乔"残酷而真实"[61]。《周六晚报》的弗雷德里克·佩因顿拿这两个漫画人物跟他在亚平宁山脉见过的第 91 步兵师士兵作了比照："他们满脸疲惫，眼神呆滞……身上又湿又冷。"[62]肯定莫尔丁的现实主义成了记者们巩固自身资历的好办法。如果你认为《上前线》"残酷而真实"，那就说明你肯定亲眼目睹过战场的艰险。

莫尔丁写实的名声传开后，对这一评价的认同成了进入内行人士俱乐部的门票。因为待在后方安全地带而饱受指责的军官们跃跃欲试。英军中尉 D.巴赫给《星条旗报》去信表示，莫尔丁"准确刻画了前线士兵的精神"，言语中也暗示了他自己对于普通士兵的亲近。退休上校詹姆斯·P.巴尼在写给莫尔丁的信中称，在长期的军旅生涯后，他敢说《上前线》是"表现真正的美国士兵所思——及所做 的最好的作品"。1945 年 3 月，阿尔弗雷德·J.凯利上尉告诉莫尔丁："我见过许多跟威利和乔一样的士兵，我知道他们就像你画的那样。"[63]

到 1945 年 5 月第二次世界大战结束时，《上前线》已经刊登在美国 79 家日报上。漫画中的威利和乔成了英雄。在一篇关于《上前线》的封面文章里，《时代》杂志提醒读者："在任何军队的庞大组织中，（在千百万士兵中）是数以万计的战斗步兵一直冲在前线，他们承担了所有战争中最脏最重的负担。他们才是英雄。"[64]肮脏变成了英雄气概的标志。《周六晚报》形容威利和乔是"两个面容憔悴、胡子拉碴的人物",他们"使前线战士的苦难、宏伟和神一般的坚毅——连同其冷酷的幽默——得以不朽"。[65]多亏莫尔丁,让步兵摆脱了声名狼藉的罪犯形象。如果说威利和乔衣衫褴褛、满身污泥、胡子拉碴,那么每一点污渍、每一块污泥、每一处破洞都是他们艰苦作战的证明。假如这将他们推上神坛,又有何不可?

你不禁想问,如果盟军输掉了战争,这种名誉的恢复还会发生吗? 当这些流浪汉般的步兵以胜利之姿向北挺进时,他们推翻了巴顿的断言,证明自己**能**捅破尿湿的纸袋。但如果步兵节节败退,他们肮脏凌乱的形象会不会成为失败的象征? 德军的境遇给出了答案。1945 年 4 月,就在苏军抵达之前,一个柏林女人看见一辆卡车经过,车上是一群满身污秽、蓬头垢面的德国士兵。她意识到战争输了,她无法指望任何人来保护她。[66]

5

在盟军内部,污秽不仅成了有价值的东西,还变成了商品。刚上前线的步兵补充兵开始花大价钱买"老兵"的脏衣服。满身污泥总比暴露自己的新兵身份要好。就连后方部队也"试图把自己打扮成比尔·莫尔丁漫画中的样子",一位观察者指出。他们故意把鞋子弄坏,蓄起胡子,还出高价换取步兵的旧衣服。[67]官方军事周刊《美国佬》开始发表其他刻画美国士兵以蓄胡子为荣的漫画。[68]英国人也紧随其后。"我在奈梅亨弄到了一套阻特装,总算找到合身的了。"坦克兵 J.G.史密斯回忆道，但他仍然难掩失望，"尽管留有过去几天的作战痕迹，但它明显还是很干净，这真令人沮丧。"[69]莫尔丁本人嘲讽了这种由他引发的现象。对于后方部队的士兵，他如是说道：

> "把身上弄脏！把脸蛋搞黑！把鞋子磨破！"他们高喊。要是坐卡车去城里，他们就把脸伸出车外，好让自己变得满面尘土。他们任胡子长长，把裤子撕开破洞，拿石头一个劲儿地砸鞋子。你可以用一件战场上破烂不堪的外套换五件高档的军官衬衫。要是那外套上有真实的弹孔，你就能坐地起价。[70]

肮脏的衬衫成了勇士男子气概的象征。但莫尔丁并不完全这么认为。威利和乔很难称得上具有男子气概。在《上前线》的一幅漫画中，一名士兵把头扎进指挥所的帐篷里报告前线的消息。步兵的脸上胡子拉碴，头盔上沾满泥巴，让坐在桌前打字的上士大吃一惊。这幅漫画既嘲笑了步兵，也拥护了步兵。一方面，这名步兵似乎来自文明边缘之外的世界，他不似人类的形象令人感到害怕。另一方面，上士在他整洁的处所显得过于清爽。他像女生见到老鼠一般惊呼："哎呀！"[71]后方部队的士兵在莫尔丁的漫画里常常显得女气而无知。（步兵尤其厌恶上士们不明事理、养尊处优的做派。）这幅漫画在刻画步兵骇人形象的同时，也将上士描绘成了懦夫。关键在于，这幅画混淆了军队卫生的价值——它用积极的性别化手法，而非消极的道德措辞描绘了一具肮脏的身体。步兵的确肮脏，但至少他不像个娘们儿。

可他也并非具有男子气概的人。借用《时代》杂志的话，威利和乔经历了"漫长的跋涉，在前进和撤退中精疲力竭。他们睡过谷仓，在冰冷的河水里洗澡，努力寻求些许的舒适"[72]。但是两人几乎不愿冒险，他们并不勇敢，而且似乎也不太想证明自己是男子汉。威利和乔无精打采，弯腰驼背，五官柔和，看上去并不特别有男子气概。他们两人还经常发牢骚——不过心情很好。"撤退时的脚底水泡跟前进时的脚底水泡一样痛吗？"威利问乔。[73]因而《上前线》表明，被子弹穿透的制服和满腹的牢骚都无法代表男子气概。通过这种方式，莫尔丁成功将后方部队贬为"娘们儿"，同时避免了一种以苦为乐的军队男子气概的普遍印象。[74]

— 6 —

威利和乔肮脏的身体界定了前线，正如干净的身体界定了后方。威利曾将后方定义为"士兵开始刮胡子"的地方。[75]莫尔丁毫不掩饰自己对后方士兵的轻蔑，他有一次评价道："当步枪连由于伤亡、战壕足和肺炎锐减至一个排时，后方有十个'支援队伍'在那不勒斯脑满肠肥，悠闲度日。"[76]在《上前线》中，污泥激化了前线士兵和后方军官之间矛盾不断的权力关系。凭借其羞辱的力量，污泥成了强者对付弱者的武器。在一幅漫画中，三个正在路上干活的步兵被一辆疾驰而过的吉普车溅得满身是泥。"这路可真不错啊，伙计们！"车上的一位军官揶揄道，毫不理会三人身上被弄脏的制服。[77]莫尔丁在1945年写道："如果有人从步兵队伍旁边飞驰而过，因为懒得慢下来而溅得他们满身是泥，或者扬起漫天尘土，要么他肯定不明白自己的职责，要么他压根儿就是个该死的

蠢货。" [78]

军官可以逃脱溅泥巴的后果，但其他士兵则不然。莫尔丁回想起跟这幅漫画类似的一件事。一个开着一辆大型美军卡车的司机"把整个队伍溅了个遍"，结果在前面半英里的路上陷进了泥里。当"他竟然有种"向被他溅了一身泥的士兵求助时，"他们用饱经折磨的步兵独有的方式回应了他——他们把他的脸摁进了泥巴里" [79]。在一幅漫画中，一个列兵卑微地坐在一辆深陷泥坑的吉普车轮胎上，威利和乔还有其他一些人站在周围，那司机反复道："我再也不敢往步兵身上溅泥巴（第 999 次）……我再也不敢往步兵身上溅泥巴（第 1000 次）……现在你们能帮忙推车了吗？" [80] 污泥检验了地位和权力。仿佛从《上前线》得到了暗示，军医罗伯特·富兰克林给亚历山大·帕奇将军为他颁发银星勋章的照片配文道："帕奇站在台上，我站在泥巴里。" [81]（见图 2.1）。

鉴于莫尔丁喜欢借泥巴嘲讽被军队大肆鼓吹的等级制度，他和巴顿之间的冲突不过是迟早的问题。在莫尔丁一幅著名的漫画中，威利和乔在

图 2.1　罗伯特·J.富兰克林和亚历山大·帕奇将军

一辆运输军粮的吉普车里看到了一个标牌。上面警告道："你正在进入第 3 军！ 罚款事项：没戴头盔 25 美元，没刮胡子 10 美元，没扣扣子 10 美元，没打领带 25 美元，没洗脸 12.5 美元，没洗头 25 美元……强制执行！ 奉铁血将军之命！"看见标牌后，乔让威利"给老家伙发电报，告诉他我们要先绕个十万八千里才能到"。人们普遍认为，正是这幅漫画令巴顿对莫尔丁的《上前线》感到大为光火。然而据莫尔丁的传记作者托德·德帕斯帝诺称，莫尔丁大约是在面见巴顿的前一周画的这幅漫画，当时还未见诸报端。巴顿对它刊登后的反应则可想而知。莫尔丁后来则表示，让巴顿恼火的是另一幅漫画——在一群市民往士兵身上扔鲜花的时候，士兵们却在朝中尉和上校身上扔水果。"天哪，长官，这欢迎仪式可真热烈啊！"其中一位军官对另一位说。[82]

　　巴顿说得没错，纪律，在莫尔丁之战中岌岌可危。但美国士兵毫不买账。他们忙着蓄起了胡子，设法把外套弄脏。前线士兵胡子拉碴的面容和肮脏的制服成了步兵最珍贵的形象之一，这是莫尔丁清清楚楚塑造的。身体无可避免的污秽和邋遢既是耻辱之源，也成了自尊和反抗的来源。威利和乔将污秽从耻辱的标志转变成了牺牲的标志。

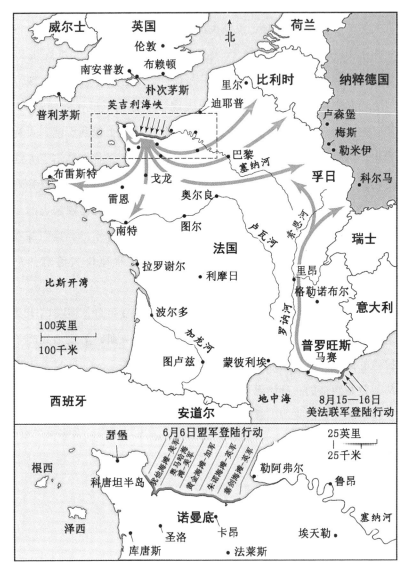

地图3　法国战场

第三章　脚

　　"他想了很久……觉得自己会崩溃，而战壕足可能比精神失常来得体面一点。"迈克尔·帕特里克心下权衡。帕特里克是约翰·霍内·伯恩斯所著的小说中的一名步兵，故事发生在第二次世界大战时期的那不勒斯。当他第一次在小说中出现时，他正跛着脚尽可能快速地沿着罗马大街向前冲，试图把双脚再次弄伤。"护士们不明白为什么他的脚愈合得如此之慢。"在帕特里克眼里，这是攸关生死的事。"明天或者后天，他的脚就能康复。"然后他将不得不返回前线。"下个星期，在离这里数百英里的北方，有不好的事情等着我，逃不掉了。"[1]

　　帕特里克的困境在于军队医疗服务的核心矛盾——从帕特里克到达新兵训练营的那一刻起，美国军队就拥有了他的身体。此种拥有具有极深的矛盾性。一方面，帕特里克的指挥官承担了保护其身体的道德责任。他们有一种强烈的义务去保证他的健康，治疗他的伤口，并保全他的性命。另一方面，因为美国军方有权使用被授权的暴力，所以上级能将帕特里克的身体暴露于致命的危险中。尽管受伤和死亡看似事出偶然，但它们实际上往往是深思熟虑后的结果。简而言之，美国军队维持帕特里克的生命是为了让他面对死亡。

英国士兵也体会到了部队医疗的阴暗面。A.A.索瑟姆谈及自己接受的训练时表示："所有新兵都要进行健康检查、牙科治疗和预防接种。想必是为了确保一旦投身战场，我们能以最好的状态应对。"腿部负伤的英国信号员 A.G.赫伯特在医院康复到一定程度后，接受了履职健康状况的"测验"。用赫伯特的话说，他和其他人"要按要求沿着沙滩跑半英里，就像市场上的牛一样，看我们是否足够健康，好把我们再次送进屠宰场"。如果要解放欧洲，和帕特里克一样的士兵必须再次面对死亡。身负重伤的人不用担心太多，因为他们的战争结束了。对于患战壕足的士兵而言，康复和死亡之间的距离则要近得多。[2]

在第二次世界大战的最后两次冬季战役中，有许多跟小说人物迈克尔·帕特里克一样的士兵。前线的战壕足问题十分严重。一位历史学家称，对于盟军而言，"对人力消耗最大的不是敌人，而是疾病"[3]。1943 年与 1944 年之交的冬天，美军在意大利出现了 5 700 例战壕足。[4]在一年后的比利时，战壕足导致 12 000 名美国兵从前线撤离。奥马尔·布拉德利将军把它形容为"一场瘟疫"。法国军队在孚日山脉也遭遇了战壕足的重创，有 3 000 人感染。[5]

和帕特里克一样的士兵之所以感染战壕足，是因为他们睡在散兵坑里，或者经常在雨雪中站立。如果他们双脚站在零度以下的雪地里，就可能生冻疮。战壕足源于接近冰点的湿冷环境，以及缺乏活动，加之由于疲劳和营养不良引发的普遍较低的代谢率。所有这些因素共同导致了脚的末梢循环减慢。由于缺乏血液和氧气，脚开始变得麻木而肿胀，接着变黑并出现坏疽。潮湿的袜子和又破又紧的靴子让情况雪上加霜。[6]尽管大多数人最终康复，有些人却失去了他们的脚。一位治好战壕足后返回前线的士兵告诉排里的战友，他"在列日市的军医院看见一个油桶里装满了被截下的脚"[7]。

这些战役中爆发的战壕足情况之严重令人不禁发问：为什么一个可避免的疾病让美军遭受如此重创？（后面我们会发现，英国士兵的脚则好得多。）在最浅显的层面，这一现象可以被解释为装备问题。步兵是目前为止感染战壕足情况最严重的群体，他们缺乏好靴子和干袜子。美国士兵的橡胶底靴子无法应对意大利和比利时泥泞的散兵坑。步兵也无法指望军队提供源源不断的干袜子。于是他们的脚逐渐潮湿，且无法变干，结果开始肿胀，直到最后变黑。至少在鞋袜方面，素来以供给充足著称的美国军队到头来没有那么名副其实。

从更深层次而言，战壕足的出现是管理步兵身体的军事逻辑所致。这里的"军事逻辑"，是指军队指挥层为了使他们将士兵置身险境的权力合理化所使用的论据。将军们如何看待士兵的身体和它在战争中的作用？他们如何解释在致命环境下部署兵力的合理性？他们是否理解自己手握的生杀予夺的权力？部队的最高军事长官用**抽象化**的策略来商议这些棘手问题。在规划和实施战斗的过程中，他们将个体士兵视作抽象的暴力单位。这些暴力单位合在一起就成了所谓的"人力"。正是这种对士兵身体的抽象概念，使得军队的高层指挥把医疗视作一种战斗功能。尽管陆军医疗勤务队并非冷酷无情，但他们为前线恢复人力的终极目标却破坏了治疗的核心善意。[8]

1

当一个人开始服兵役，他的身体就成了主要目标。如果军队要发挥其执掌生死的作用，就必须对士兵进行全面驾驭。为了确保这一权力，英军和美军都会在训练中让新兵服从于一整套纪律制度。士兵的身体和他的环境被严加管控，目的在于切断士兵和身体之间的联结。他被教导服从高于一切，包括疼痛和其他身体不适的信号。在教官眼里，新兵的身体不受控制，难以驾驭，而且不合格。他们的任务就是把它转变成一个有效的战斗机器。[9]为了达到这个目的，盟军调动了两种训练体制：操练和耐力。

军事机构和监狱及收容所一样，是最先通过对人体进行控制来施加权威的机构，其目的在于制造法国哲学家米歇尔·福柯所说的"驯服的身体"。自18世纪以来，规范士兵如何行进、如何吃饭、如何睡觉、如何排便成了军事训练的重点。这个策略建立在一个隐含的信念上，即如果你能掌控一个士兵的身体，你就能让他服从你。福柯认为："到了18世纪末，士兵已经成了可生产的物品：用一个不成形的黏土，一具笨拙的身体，就能制成所需的机器；形态逐渐修正；在潜移默化中精心约束身体的每个部位，掌控它，让它变得言听计从，随时待命，在不知不觉中形成下意识的习惯。"[10]英国士兵比尔·贾丁在描述自己战争时期的训练时，同样借用了黏土被塑形的比喻："我们的个性早已屈服，整个人身心俱疲，不过是陶工手中的一块块黏土。"[11]

步兵教官大约有十四周的时间实现身体机械化的目标。[12]一份美军步兵手册建议新兵"时刻保持双脚的良好状态"和"四个排

060　　纯粹的苦难：二战中的士兵

泄渠道的健康（肺、肠、肾、皮肤）"。[13]士兵的身体要有效地消化资源。各个器官被理解为必须保持清洁的入口和出口。"在合理应对和正确训练身体的过程中，对简单机械原理的理解和应用必不可少。"一份英军手册提出。士兵被要求将自己的身体想象成一个精心锻造的战争武器："在军事环境下，为了保全生命往往需要至高效率，充分而恰当地机械性使用身体变得至关重要。"[14]

美国和英国的军事训练都详细制定了一套操练和列队的规则。[15]操练的目的在于将服从以习惯的形式嵌入身体。操练要求士兵在听到口令后做出一系列连续的动作。在操练中，身体对军事指令的反应不仅变得顺从，而且变得不假思索。[16]在这个过程中，个体将变得被动，最终唯命是从——也就是英国兵约翰·格斯特所说的"可怕的精神便秘，似乎已经将我们所有人笼罩"。戴维·霍尔布鲁克这样形容他的新兵同伴："他们都觉得自己不再是自己。个性屈从于身体的被动行为，甚至身体也难以坚持下去——他们内在属于人的其他一切都消磨殆尽。"[17]如此一来，士兵的服从通过身体得以实现。

另一种训练方式以耐力为中心。[18]其目标在于让士兵为战场上巨大的能量消耗做准备，不屈从于身体疲劳或精神压力。一份英国训练手册称："耐力是战争中必不可少的品质。机械化加速了战争的节奏，从而也提高了耐力的价值。"[19]尽管耐力训练对现代战争不可或缺，但也有其副作用——它教会士兵忽视自身力量的极限。在将自己和身体感受疏离（或抽象化）的过程中，他逐渐变得盲目顺从。[20]

教官坚持长途行军或徒步，常常是在严寒酷暑的条件下。这种锻炼意在制造身体的不适、疼痛，甚至剧痛——士兵要对所有这些不予理会。新兵训练营期间，保罗·富塞尔在给父母的家信中写道："训练的整个目标在于让身体变得强健，让思想变得麻木。"[21] 忍受痛苦就是"像男人一样"去受苦，正如新兵在长途行军时那样。即便在军队以外，以苦为乐的男子气概在欧美文化中同样是普遍的规范。小男孩被教导不能"像女孩"一样爱哭，也不能抱怨身体的疼痛。军队指挥官将这些规范运用在耐力训练中和战场上。当身兼小说家的二战老兵詹姆斯·琼斯来到安蒂特姆国家战场遗址时，他的儿子问他："这些年轻人为什么这么做？"琼斯回答："因为他们不想在朋友面前表现自己的怯懦。"[22] "我坚信，促使男人去做他们不得不做的事情的唯一原因，是他们害怕表现出恐惧，即便在最艰险的战斗中仍是如此。"美国兵伯纳德·弗里登伯格表示。[23]

士兵在不流泪不抱怨的情况下培养了面对身体痛苦的心智。耐力的表现会引发自尊，并赢得他人的尊重。"自尊是支撑一个人度过战斗经历最重要的因素。"罗科·莫雷托表示。无法忍受痛苦的新兵会遭到侮辱。英国兵埃尔德雷德·班菲尔德提到，一个士兵因为"每天生病"被大家看不起。生病意味着逃避责任。当爱德华·阿恩在训练中脚跟严重扭伤时，他拒绝去医务室，"因为我知道军校生有多鄙视偷懒的人"[24]。

因此，为了表现出男子气概，士兵们执意在身体发出停止信号时继续行军或其他操练。英国步兵常常把训练形容为一场从男孩到男人的成人礼。借用一个士兵所言，训练"将男孩塑造成了男人"[25]。对身体不适的抱怨成了禁忌。"我是不是太执着于这些身体的痛苦了？ 这些由于寒冷和潮湿、受伤以及睡眠不足和饥饿所造成的痛苦，"美国兵雷蒙德·甘特在日记中自问，"我知道，咽下这些抱怨是更有男子气概、更勇敢的表现。""战争使得士兵有必要时刻保持自己的强硬形象，"迈克尔·比尔德称，"你必须相信自己能够胜任战场上的职责，表现出足以令敌人惧怕的强硬作风。"耐力训练保证了士兵的顺从，增强了士兵的毅力，也激发了士兵的勇气。[26]

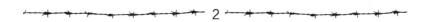

2

问题在于，士兵的身体不可能真正变成一个机械化的暴力单位。训练中对身体的细致要求无法在战场上复制，恶劣的战斗条件令这种体制无法实现。即使最训练有素的身体也受制于其内在需求——温暖、食物和干燥的休憩之处。步兵的情况无疑是这样。

脚被认为是步兵最重要的身体部位。[27]"自远古以来，战士的双脚就是指挥官最关注的对象之一。"外科医生爱德华·丘吉尔表示。"行军是步兵的主要职责，他的脚就等于他的人。"一份 1944 年的美国训练手册声称。[28]不同于炮兵或装甲部队，步兵依靠步行移动。双脚是步兵的特征，美军称他们为"脚兵"和"金钱脚"，英军称他们为"远足者"。当被问到是否因为步兵的身份感到苦恼时，英国兵埃尔德雷德·班菲尔德表示绝不后悔。"我向来喜欢走路。"[29]

脚成了步兵忍耐力的缩影。和英国坦克车长斯蒂芬·戴森或炮手约翰·马金迪一样的非步兵都很同情"可怜的步兵"，泥巴已经没过了他们的膝盖。[30]"有些英国兵觉得他们很不幸，漫长的行军没完没了。"英国兵彼得·莱德指出。"在意大利永远是行进，行进，再行进。"美国兵米洛·格林回忆道。"你一直走啊，走啊，不停地走。"纳特·弗兰克尔表示。[31] "艰难地向前，向前，再向前。"乔治·比德尔在日记中写道。"我们又累又厌倦地向前走，一步接一步地艰难跋涉。"L.C.平纳谈及自己在北欧作战时表示。英国将军亚历山大曾做过一次著名的评价，他形容意大利战役是一场"艰难的比赛"，要靠最有"勇气和决心"的军队才能获胜。到达前线的补充兵迫不及待要把他们的"脚打湿"。[32]

"灌铅的"脚或"拖不动的"脚象征着士兵的疲乏。[33] 英国中尉布赖恩·哈珀表达了对一个排的钦佩之情，精疲力竭的士兵拖着"灌铅的靴子"走上前线。莱德对阿登战役的观察是这样的："许多士兵处于崩溃的边缘，完全丧失了时间概念。他们在泥泞不堪中拖着灌铅的双脚，沿路躲避积水的弹坑，还要面对狙击手的火力。""不管他感觉多么虚弱多么累，都一点也不重要。"哈珀这样描写意大利的英国步兵，"只要他一息尚存，能够在一分钟之内把一只灌铅的脚挪到另一只灌铅的脚前面，他就要轮班（执勤）。"像R.W.汤普森一样的英国记者为艰苦的步兵增添了传奇色彩："这些行进的步兵，手握步枪，身佩刺刀，心中蕴藏着源源不断的战胜艰难困苦的勇气。"[34]

用"自己的双脚"站立象征着士兵的尊严。步兵是德军留下的"炸脚"地雷的主要受害者。[35] 沃尔特·伯恩斯坦厌恶那些雷区，因为这让他无法"再次有尊严地自由行走"。"在双脚开裂浮肿的情况下昂首挺胸地行军是一件痛苦的事，但我们做到了。"唐纳德·伯吉特在谈到阿登高地的战斗时表示。"我们靠着冻僵的双脚在冰冷的道路上自豪地前进。"摔倒意味着你受伤了，但如果你还能站起来，就说明伤情并不严重。"可行走的伤员"知道自己没有生命危险。作为在奥马哈海滩、赫特根森林和阿登高地战斗过的老兵，勒罗伊·斯图尔特这样理解自己微乎其微的幸存率："风会吹，屎会漂，老斯图尔特也会屹立不倒。"站着就代表经受住了战争的考验。[36]

因此，不论实际上还是象征意义上，脚是步兵的关键。不幸的是，脚也很脆弱。湿冷的天气是它最大的敌人。在冬季战役期间，由于战斗和生活都在户外，步兵往往长期暴露在略低于冰点的低温下。[37]一连数周，他们落脚的地方只有冰和雪，或是布满泥巴的散兵坑。1943年到1944年的意大利，一场持续不断的暴雨把地面和成了烂泥。"就连英国的雨也赶不上意大利，"英国陆军中士G.F.R.豪斯在信中给妻子写道，"那真是暴雨如注。""大雨倾盆而下。"英国兵比尔·斯库利说，"我从来不知道你能在这种情况下作战，泥巴无处不在，漫得到处都是。"斯库利以为，这种情况下战争会被直接取消，就像足球比赛那样。德国士兵汉斯·贝尔形容卡西诺山附近的山脉是历史上任何战场都比不了的"地狱"。"大雨沿着我们的脖子一路流进靴子里，"美国兵罗斯·卡特回忆称，"我们的皮肤开始腐烂，漂白的手和脚趾上长出了小块小块的真菌。"[38]英国兵约翰·克莱顿在12月的家信中写道，他刚到达前线，帐篷就被暴雨冲走了。"我收起几条珍贵的毛毯抱在身上，雨水在脚周围打起了漩涡。"[39]"就算太阳照耀在天上，雨还是无情地下着。"美国兵伦纳德·齐亚巴谈到卡西诺时说。"就在身体要开始变干的时候，大雨又会出乎意料地再次袭来。"几个月后，一名法国炮兵对降雪发出了同样的抱怨。他在日记中写道,雪每次都会在他们移动的时候开始落下,简直不可思议。[40]

次年冬天的战斗依旧艰难。1944 年 10 月,英国兵杰克·斯瓦伯表示:"下了一整天雨,又冷又难受,我感到十分消沉。"同月,德国兵胡贝特·格斯记录道,他和战友们一起在赫特根森林作战时,因为"在泥巴里跋涉、睡觉、战斗"而精疲力竭。"道路被彻底浸透。"他在日记中继续道,"步兵看上去就跟猪一样。一个多星期没有休息,身上没有一处不是湿透的。"[41]

严寒接踵而至——许多人说这是几十年来最恶劣的寒冷天气。英国工兵 A.马歇尔表示,这种天气"不适合出现愉悦的心情和愉快的经历"。在法国东部战斗的法国第 1 集团军受困于足部冻伤的问题。英国兵在荷兰千方百计地寻找炉子,还用装饼干的金属盒做"暖炉"。[42]一名德国兵回想起那年冬天"可怕的寒冷","双手、双脚、耳朵、脸颊"都生了冻疮。[43]"哪个神会在这个血腥的圣诞节降生呢?"德国兵维利·施罗德在日记中发问,抱怨着寒冷和饥饿。[44]

严寒似乎不遗余力地对士兵的身体发起了进攻。美国兵约翰·科尔顿说,每一次呼吸"我们的肺就像塞满了玻璃碴一样"[45]。"我的眼球会因为寒冷而疼痛。"罗伯特·格雷夫林回忆称。"我冷极了,"约翰·戴维斯回忆道,"我担心有些小的身体部位可能会直接断掉,缝都缝不回去。"[46]雷蒙德·甘特担心的是生殖器受到的损害:"你开始察觉到寒冷,那种刺痛的、火辣辣的寒冷……你的生殖器开始收缩,你能感觉它们越绷越紧,不断往上躲……往里钻……躲进肚子里,回到依稀记得的胎儿时期的温暖。"设法睡觉的时候，士兵会跟战壕的沟壁冻在一起，需要帮忙才能出来。[47]
"伙计们不得不让别人把自己从地上拉起来整理一番才能活动。"
美国兵马克·麦克默迪追忆道。香烟堪比天赐之物。英国兵诺曼·
史密斯说："就连点烟和把它拿在手里似乎都是一件暖和的事。"[48]

这种天气让士兵的脚备受折磨。"潮湿和寒冷看似引发了很多痛
苦，但所有痛苦似乎都围绕着脚所受的苦。"美国兵霍莫·安克鲁姆
写道，他补充说："可怕的战壕足像泛滥的瘟疫一样传播开来。"[49]
精疲力竭使得身体的代谢减慢；战斗和冰冷的食物加重了士兵的压
力；血液不再循环至脚的末梢。[50]发现自己患上战壕足常常令步兵
措手不及，因为他们并不会每天脱靴子，甚至睡觉也不脱。许多士兵
担心，一旦他们脱下靴子就再也穿不上去了，要么因为靴子会缩水，
要么因为他们的脚会浮肿。[51]再者，士兵们时刻都要警惕夜间进
攻。战争结束许多年后，勒罗伊·科利还会梦到被袭击时自己找不
到靴子。"不能及时穿上靴子可能是致命的。"迪克·杰普森警告
道。不穿靴子让士兵感到脆弱，法国第 1 集团军的军医亨利·德卢皮
利用了这一点。面对一群傲慢无礼的德国战俘，他用拿走他们靴子
的办法"让他们安静了下来"[52]。

因为步兵倾向于一直穿着靴子，他们一连好几天都看不到自己
的脚。[53]当罗斯科·布伦特最后脱下靴子时，"眼前的景象十分可
怕，我的双脚几乎变成了黑色，脱皮的现象更是严重得多"。"脱下
靴子和袜子后，我发现两只脚的状况非常糟糕。"雷蒙德·沃克写
道，"和典型的战壕足一样，我现在能从脚底剥下一层层坏死的皮
肤。"一名英国步兵发现得太晚，以至于他的双脚出现了"又深又
肿的裂口，纵横交错，还渗着血"[54]。英国兵罗杰·劳伦斯在去

往医院的救护车上第一次看自己的脚。他震惊地发现，它们"布满了紫色的大水泡"。诺布尔·加德纳脱下靴子后，看到双脚"冻得发青"。"我开始给它们按摩，但因为太累结果睡着了。第二天早上起来的时候，我的两只脚跟气球一样，又红又肿，连靴子都穿不上。当我试图走路的时候，感觉就像有人恶作剧一样在往我脚里面扎针。"[55]忽视身体痛苦的训练在士兵的意识中如此根深蒂固，以至于还未等他们察觉，其双脚可能已经严重受伤。

3

诺布尔·加德纳冻得发青的双脚，是赫特根森林恶劣的战斗条件所致。但它们也是糟糕的军靴和缺乏袜子造成的。在一个常常号称供给过剩的军队里，美军的军靴是一个惨痛的例外。军靴无法让战士的脚保持温暖和干燥，这件事非同小可。步兵把军靴视作他们最重要的装备，在阿登高地的一个德国士兵的故事阐释了它们非凡的重要性。当美国兵纳特·弗兰克尔和几个战友上前准备俘虏那个德国士兵的时候，他有更重要的事情需要担心：

> 德国人没有看向准备俘虏他的人，而是穿上了一双鞋，口齿不清地说了些什么，然后把它们踹掉了。接着他又试了第二双，结果脚趾伸了出来，这双也脱了。最后穿上第三双——我看着觉得还行，可是我懂什么！他再次把鞋脱下，然后瘫倒在地。我的战友仔细看了看他，接着回到坦克上。"他死了。"他告诉我。[56]

军靴的任务很简单：让士兵的双脚保持干燥、温暖和舒适。[57]美国士兵的军靴一个标准也没达到。"短缺"和"极差"是美国士兵后来对军靴的形容。[58]如果你按照指示穿上干袜子，它们很快就会变湿。[59]此外，换袜子意味着有在没穿靴子的情况下遭遇德军反击的风险。[60]尽管经常"擦油"或做防风雨的保养，但在意大利作战期间，美军的军靴不仅吸水，而且会开裂漏水。[61]等到终于晾干的时候，它们已经缩水变小，让行军变得异常痛苦。[62]在从意大利寄出的一封家信中，约翰·克莱顿谈到，他早上穿缩水的军靴时就是穿不上，结果错过了早餐。[63]对于那些脚肿得厉害的士兵而言，问题尤为严重。为了把靴子穿上，他们往往会在皮革上用刀划几条口子。[64]在一年后的比利时战役中，美国军靴的情况并未有所改善。"这种靴子对如此深的积雪和严寒的天气来说简直糟糕透顶。"罗杰·劳伦斯抱怨道。到了2月，他因为双脚严重冻伤而从前线撤下。[65]

前线士兵的神圣特权就是抱怨他们的装备，而鞋类确实存在值得抱怨的理由。美国军需部队后来承认，"在第二次世界大战最后一个冬天的欧洲战斗环境下，单靠军靴不足以保护士兵的双脚"[66]。鞋子差劲并非因为军方不作为。实际上，军需部队在1943年十分卖力地想要提供更好的鞋子。[67]但战时缓慢的制鞋工业阻碍了他们的努力。对吉普车车胎和坦克履带的需求导致橡胶稀缺。到了1944年，士兵们行军时穿的是回收再造的橡胶鞋底，这种鞋底已经被证实不适合雨雪天气。[68]

有些美军指挥官断言，没有任何靴子能经受住意大利和比利时的天气，但英军证明他们是错的。许多英国士兵记得自己有"很舒服的脚"和"非常好的靴子"。[69]他们的树胶鞋底是"层层加固"的，被认为能防水。"它是一件极好的多功能物品。"美国军需部队坦言。[70]"在这种降雨不断、泥巴遍地、难以让任何靴子保持干燥的环境下，它们是巨大的福音。"英国步兵军官彼得·珀蒂称。医疗军官 P.J.克雷明在信中告诉妻子，即使雨下个不停，他的靴子"表现依然出色——让我的脚干燥又舒服"。排级指挥官悉尼·雅里称赞了手下士兵配备的"卓越的全真皮英军军靴和纯羊毛袜子"，同时不禁对"穿着橡胶底靴子的可怜美国步兵"感到同情，认为他们在冬天受的折磨"惨不忍睹"。[71]英军宣称，整个第二次世界大战期间他们只遭遇了 443 例战壕足。尽管很可能估计不足，但这个数字和美军的大约 20 000 例相比仍然微不足道。[72]

英军吸取了他们在第一次世界大战中的教训。彼时，西线的战壕又湿又冷，大批士兵因为战壕足和冻伤被送进医院。这一次，"我们会洗脚，而且每天都换干净的袜子。"步兵上校乔治·泰勒夸耀道。[73]给军靴皮革"擦油"或做防水保养是每天的惯例。步兵同样受益于家乡的编织大军。士兵们都很珍惜全羊毛的袜子，他们保证其他任何材质的袜子都起不到这么好的保暖效果。编织成了英国妇女的爱国职责。"拿起针线开始织吧，现在就行动起来。"一份发给"手工编织慰问团"的指导手册敦促道。"是时候拿起针线干活了。"另一份手册指挥道，"如果你能织毛线，你就能做贡献。"[74]玛丽王后和陆军部共同制定了袜子的"官方"图案。"军队慰问委员会"为"军用羊毛织品"列出了严格的要求，其中不仅包括袜子，还包括保暖护膝、手套和巴拉克拉瓦式套头帽（见图 3.1）。"我刚刚收到了一双非常厚而且编织精良的袜子，"一名步兵心怀感激地向一位编织者去信道，"你很难想象你和其他好心人寄来的针织衣服究竟有多么受欢迎。"[75]

图3.1 《拥军羊毛织品：为军队慰问委员会编织》

对于穿橡胶鞋底的美国步兵而言，问题不仅在于设计，还在于供给。袜子十分稀缺。[76]《泰晤士报》指出，美军的袜子还太薄。[77]1944年11月的意大利战役期间，第91步兵师的W.M.利夫赛将军向第5军总部抱怨了袜子严重短缺的问题。利夫赛提出了一个方案，让士兵用湿袜子换干袜子，但这一尝试由于供给不足而失败。[78]1943年10月，第5军的一名军官估计，其部队的袜子需求只实现了百分之十。有一次，需要16 000双袜子的第45师只收到了500双。[79]在比利时，军需部队提供的保暖衣物和靴子也严重不足。[80]因为相信能早早取得胜利，奥马尔·布拉德利选择在1944年秋的补给运输中优先输送汽油和军火，致使保暖衣物被延后发放。[81]

军靴的供给最多也只做到断断续续。意大利爆发战壕足后，军需部队开始发放"极地靴子"。这种靴子基本上就是布面或皮面的套鞋，很快也成了广受诟病的对象。[82]第5军申请了208 000双军靴，结果只收到了135 000双，并且手头很快只剩下1 000双，所有这些靴子都是6—8码的"儿童"尺寸。[83]有时，军需部队会给一整个连队的上百号人发两种尺码的靴子。如果你的脚太大或者太小，那你就倒霉了。[84]"你经常能从走路的样子判断谁的靴子不合脚。"迈克尔·比尔德说，"有些可怜的家伙两只脚在过大的靴子里游泳，还有些人因为脚挤在太小的靴子里而痛苦不已。"[85]当甘特选择了一双过大的靴子后，它们仿佛成了"烧红的铅盒子，罩着我疼痛的双脚"[86]。太小的靴子限制了脚的活动，从而刺激了战壕足的产生。

为了给双脚保暖，美国士兵只能依靠自己的方法。他们用粗麻布或者随C口粮分发的厕纸裹住双脚。[87]他们找到受伤或死亡的士兵留下的毛毯，裁剪后缝成几层，做成被称作"暖脚套"的鞋罩。[88]美国兵勒罗伊·斯图尔特先穿两双羊毛袜，接着穿上军靴，然后在战靴外套一双手工羊毛袜，最后用通信电线在最外层绑一双四带扣的套鞋。[89]达德利中士拒绝穿任何靴子，而是会在套鞋里穿七双袜子。[90]

军靴的分配在前线和后方制造了十分不快的裂痕。供给链有利于后方，而不利于前线。在意大利，美国陆军承诺给多雨泥泞地区的步兵分发橡胶套鞋。"即将到来的橡胶套鞋在我们的榴弹炮队伍里引起了热议，"记者厄尼·派尔在1943年12月的日记中写道，"橡胶套鞋的事已经承诺了好几个星期，事实上每天都在说。可这雨已经下了两个月，却连橡胶套鞋的影子都没见到。"[91]如果橡胶套鞋没有到达前线，那就是因为后方的士兵已经拿它们假公济私。[92]比尔·莫尔丁表示："新衣服被后方部队的一些士兵截留，因为他们想把自己打扮得跟杂志上看到的战士一样。"[93]威利和乔的热潮对前线士兵产生了适得其反的影响。

部队于是制定了分配规则：所有步兵都会收到橡胶套鞋；兵团和军事人员的分配比例是75%，后勤基地部队的分配比例是50%。然而这些配额并未起到作用，一年后情况依旧如此。[94]为了应对比利时的严寒，部队承诺分发防水长筒靴。但它们同样遭到了后方军官和补给工作人员的擅自捡择。[95]《美国佬》杂志估计，一个200人的连队实际上只有40人拿到了长筒靴。部队再次制定了分配规则。1943年12月2日，部队敦促巴黎总部的士兵让出他们的防水长筒靴，好将它们送上前线。[96]

乔治·尼尔因为脚骨折被转移至后方，他记得眼前的景象令他大为震惊，因为那里的所有人都穿着比前线士兵好得多的冬衣。"我断定，那些最需要最佳军用冬季装备的人往往没有得到满足。"尼尔指出，就连平民都比他们强，因为他们能在黑市上买到装备。看见不上战场的士兵穿着橡胶套鞋，梅尔·里士满感到"愤愤不平"。坐在救护列车上，美国兵杰克·兰斯顿很难不注意到，"所有人员都穿着保暖橡胶靴，有些人还穿着羊毛衬里的坦克手军装"。"我震惊地意识到，假如这些鞋子送到了真正需要它们的人手里，该有多少士兵能够免受冻伤和战壕足之苦!"杰克·卡佩尔指责道。[97]

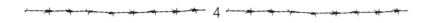

4

从最浅显的层面看,战壕足是装备不良和供给不足所致。但如果我们深入挖掘,就会发现在这场流行病中发挥作用的其他因素。例如,为何这么多忍受脚痛的士兵不寻求治疗? 其中的原因很复杂。有些人不愿抛下在前线作战的战友,还有人为占了医院的床位而感到内疚,因为其他士兵受的都是枪炮所致的重伤。[98]当约翰·库利步履艰难地走到医院治疗双脚时,他看见有的人"伤病比我严重得多……我看起来没事,而其他人绑着绷带。我能走路,其他人连话都说不清楚。我的伤实在不值一提"[99]。最重要的是,许多步兵对身体的疼痛置之不理,就像他们在训练中被教导的那样。他们认为,任何医疗救助都是软弱的表现。

步兵指挥官一直提倡以苦为乐的男子气概。先前受伤的彼得·莱德返回队伍的时候,带着英国军医部队给他的一张黄牌,明确要求他不能参与作战。"它们是软弱的象征。"他的军官发火道。"在有些队伍里,黄牌意味着生性怯懦。"莱德说。他回到了战场,"全身上下痛苦不堪"。查尔斯·麦克唐纳上尉指责了一个发牢骚的士兵,说他"绞尽脑汁想到后方去"。事实上,这个士兵患了阑尾炎,还险些丧命。麦克唐纳褒奖的,是那些即使生病仍坚守岗位的人。"许多人本来应该躺在床上,但他们执意在散兵坑里'再坚持一天',然后'再坚持一天'。"[100]

步兵心领神会。"昨晚我又因为生病去看了医生，就这样步入了病、瘫、懒之列。"罗伯特·斯奈德在卡西诺和战壕足作斗争时于日记中写道。在突出部战役中，因为晚上极冷，有一名士兵开始在睡梦中出现尿失禁。当战友催他去救护站时，他以他们只会责备他"装病"而拒绝。[101]步兵也会给彼此施加压力。美国兵戴尔·朗德海记得，他的连队中有两个意大利人罗科和罗贝洛，他们"总是又哭又喊的。他们说脚很痛，不能走路，肯定是染上了战壕足，应该从排里撤到后方去"。所有人都觉得，他们只是在"谋求一张去后方的通行证"。然而当他们最终从前线撤下时，两人都不得不截肢。即使没有指挥官在跟前大声训斥，忍耐力也成了一件关乎自尊的事。"别管它，会好的。"迈克尔·比尔德的战友忍着双脚的剧痛坚持道。比尔德说："他一直重复的这句话其实是恳求，因为医生必须把他的脚截肢。"[102]

许多步兵甚至没有考虑过医疗救助。威廉·菲在阿登高地作战期间的日记中写道，当指挥官询问他双脚的情况时，他"撒谎说，'没事'"。威廉·康登一直对疼痛置之不理，直到他无法从阿登高地的散兵坑里爬出来。他双手撑地跪在地上，"忍受着腿部抽筋和痉挛的剧痛四处爬行"。他没有去看医生，而是接受了双脚失去知觉的事实："从那时起，我的两只脚在未来的几个星期彻底麻木，毫无知觉。"[103]另一个士兵这样形容战壕足："就仿佛牙医给我的脚注射了局部麻醉剂，导致我感觉它们好像是我的一部分，又好像不是。"[104]

战壕足引发了身体和精神的麻木。士兵决定忽视自己的病痛，这使得从训练期间开始的，将自我与身体疏离的过程达到了顶峰。

无声的忍耐被指挥官和步兵称赞为英勇之举，这对部队而言是有利的。通过鼓励士兵默默受苦，军官不惜一切代价确保了部下的服从。以苦为乐的男子气概同样掩盖了前线非战斗伤亡的全景。但从长远来看，它产生了适得其反的效果。许多战壕足的受害者离开前线后再也没能回去。

───────────────── 5 ─────────────────

战壕足的问题在比利时的冬季战役期间达到顶峰。1944 年 11 月底，因为战壕足进入巴黎及周边医院进行治疗的士兵从 3 例激增至 1 337 例。仅仅在 11 月的第二个星期，美国第 3 军就报告了 1 130 个病例。[105]11 月 29 日，《星条旗报》的头条发出了"战壕足险情上升"的警告，声称该疾病在有些地区占到了伤亡比例的 37%。1944 年 10 月至 1945 年 4 月，总共有 46 000 名美国兵因为战壕足入院治疗——这个数字等同于三个步兵师。[106]

到了 11 月中旬，最高统帅德怀特·D.艾森豪威尔和他的将军们开始真正担心起来。11 月 18 日，负责第 12 集团军的奥马尔·布拉德利给第 1 军的考特尼·霍奇斯去信道："战斗部队正在遭受战壕足造成的严重人力损失。"[107]霍奇斯随后就这一问题给其部队指挥官写信。[108]当欧洲战场的指挥部外科医生保罗·霍利得知"战壕足在最近几周明显增加，尤其是第 3 军"后，他写信给第 3 军的外科医生道："战壕足在战斗伤亡中的比例极高，如果无法解决这个问题，我们给自己的军队带来的损失几乎不亚于敌人。"[109]到了 11 月底，指挥部外科医生办公室根据霍利对第 3 军和第 7 军总部的造访出具了一份详细的战壕足报告。该报告称，真正的问题出在步兵团，诸如炮兵和工兵等未直接参与前线战斗的部队则鲜有感染。[110]到了12月的第一个星期，坏消息传至华盛顿的美国陆军部，陆军部对"军队大量的战壕足病例"表示担忧。[111]

要理解这些指挥官对于战壕足的态度，关键在于他们一连串通信中频繁使用的"人力"一词。布拉德利担心"战斗部队的严重人力损失"[112]。霍奇斯也为战壕足造成的"严重人力损失"感到焦虑。[113]在意大利，军医处处长对各医疗军官明确指出，"医疗部门的首要任务"就是"保全人力"。[114]"人力"一词最初是相对"马力"一词而言的，意指"一个人消耗能量的能力"，用可量化的术语衡量。[115]将军们用"人力"指代武装起来实施暴力的士兵的集体力量。

当将军们谈论人力时，他们把士兵的身体抽象地视作一个可量化的单位。例如，布拉德利写道，依据住院率的上升趋势，"第12集团军每天可能有1 000名士兵无法作战"[116]。在意大利，第5军的外科医生同样将战壕足问题视作对集体力量的侵蚀。"战壕足具有军事重要性，"他在1944年10月提出，"因为每五个患战壕足的人中，就有四个造成其所在队伍无限期的损失，而那些最终返回队伍的人无法在湿冷环境下被有效利用。"[117]第3军的乔治·巴顿将军在备忘录中阐释了这一观点：

> 目前，我们基本在第3军消除了战壕足。但我认为，我们必须认真考虑用那些遭受过这一疾病的人迅速替换欧洲战场上体格健全的士兵。在我看来，只要避免湿冷环境，这群人中有许多很可能能够履行宪兵或卡车司机的职责。如你所知，补充兵的需

求迫在眉睫，我们必须召集更多士兵。同样重要的是，我们需要尽可能多的非战斗伤员在最短时间内归队。任何能够履行职责的战斗伤员同样要尽快归队。其他不适合全面履职的战斗伤员应该且必须替换后方体格健全的士兵，后者则必须转而奔赴前线。[118]

巴顿用描述身体能力的措辞谈论他的士兵：他们是"战斗伤员"或者"非战斗伤员"，"体格健全"或者"能够履职"。其目标在于提升力量。正如在训练中，士兵的身体被视作应尽可能高效利用的机器。

诚然，布拉德利和巴顿并非对士兵的苦难漠不关心。但是他们——以及其他盟军的将军——已经练就了从人力的角度来看待士兵的思维。这种思维让军官能为战斗或战役制定战略，也让他们能够在精心策划之下将士兵送往生命的终点。否则还有什么办法能摆脱执掌生死大权所固有的道德重担？ 否则如何才能决定孰生孰死，抑或决定怎样的死亡是情有可原的？ 要回答这些问题，必须依靠一种否定的思想策略。战争的最终目的是消灭敌人，不是保全自己的士兵。这便是事实。

对士兵而言，战壕足意味着疼痛、恐惧和软弱；对指挥官而言，它代表无法有效地利用身体。这两种视角的差异解释了，为何指挥官面对治疗和伤害士兵这两个必要的举动时不会感到棘手。步兵是前线最具价值的武器。对布拉德利和巴顿这样的将军而言，治疗战壕足等于修理一台机器，而非疗愈一具受苦的身体。[119]换言之，治疗的反面不是伤害，前者不过是后者的一种功能。把士兵送回战场面对死亡是他们的职责所在。

战壕足是指挥上的失误。每个级别的军官都肩负着保证士兵身体健康的责任，而战壕足证明他们没有做好。由于不愿向公众和上级承认错误，军队指挥官把问题怪到了士兵自己身上。错就错在步兵不遵守纪律，他们宣称。在向美国公众解释为何战壕足在比利时泛滥时，盟军远征军最高总部对劣质军靴和供给不足的问题只字未提。[120]尽管艾森豪威尔了解当时恶劣的战斗条件，但他在战后仍然宣称，"有效预防不过是纪律问题——要确保所有人对规定程序落实到位"[121]。

即便每一级步兵指挥官都在设法为自己的士兵寻找极地套鞋、防水靴、橡胶套鞋、滑雪袜、防水长筒靴和保暖冬衣，陆军医疗勤务队却仍在抱怨步兵团没有遵守保护双脚的纪律。[122]所有人都知道纪律不是问题所在，至少不完全是。法国军队的外科医生乔治·阿努尔夫嘲笑了"频繁而警觉"的护理能消除战壕足的观点。相反，他把矛头指向了美方为他和其他法国士兵提供的军靴。[123]1944 年 11 月 29日，在意大利指挥第 91 步兵师的 W.M.利夫赛将军恳求第 5 军总部提供干净的干袜子。然而，这一请求并未阻止他在第二天交给上级军官的备忘录中将战壕足归咎于步兵的"疏忽"。[124]指挥部外科医生霍利明确表示，战壕足主要是"纪律性问题"，应该落实"严格的纪律"，而且必要的话，应该"进行纪律处分"。一份第 5 军的医疗宣传册提出："纪律和训练的长臂应该伸向每个散兵坑和防空洞，以确保预防措施的落实。"[125]"糟糕的士兵和被糟糕的军官领导的士兵，是感染战壕足最严重的群体。"一位上校在给霍利的信中写道。[126]

步兵被迫认为，战壕足的痛苦不怪别人，全怪他们自己。《星条旗报》的一篇社论声称，士兵感染战壕足是因为"粗心大意"（见图3.2）。该社论教士兵把图中的两份海报——或者说"美人"——剪下，放进靴子里当鞋垫。社论暗指，假如士兵要拿两个女人的照片"一饱眼福"，他们就会更勤快地脱下靴子。文章还教士兵按摩双脚，其语言明显意指自慰。（众所周知，美国士兵经常拿海报自慰。）"不停地磨，不停地揉，直到它兴奋起来。不要移开视线，继续按，直到你热血沸腾，飘飘欲仙。"该社论暗示，不仅战壕足可以通过纪律来预防，而且只有性快感才能给士兵带来动力。[127]

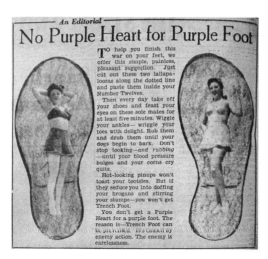

图 3.2 《星条旗报》，1944 年 12 月 6 日

将战壕足归咎于"糟糕的足部纪律"对军方来说很有吸引力，原因有几个。其一，它重申了纪律的根本价值；其二，它免除了美国陆军指挥官对该病爆发所负的责任；其三，它转移了焦点，使得人们关注的不再是军队未能保证士兵健康的事实。在战后的一份研

究中，陆军医疗勤务委员会依然将糟糕的纪律列为战壕足的首要致病因素。尽管委员会承认了劣质军靴的问题，但它同时声明，疏忽和自我护理不足在战壕足的爆发中起了同等重要的作用。冻伤的控制"经发现与队伍的纪律息息相关"。委员会断定，只要士兵每天换一次袜子，给彼此做一次足部按摩，他们就不会染上战壕足。此外，他们将战壕足列入了一份下流行为清单，从而将其病态化。他们提出，这种疾病发病率高的队伍，同样"性病发病率高，上军事法庭的概率高，以及缺勤率高"[128]。"战壕足问题类似于性病问题，"一名军队外科医生称，"二者都取决于士兵个人所受的教育。"[129]战壕足被视为和性滥交、犯罪以及擅离职守具有同等性质，这令它不仅成了一种身体伤害，还成了道德败坏的象征。

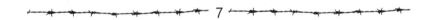
7

美国陆军军官决定将战壕足的责任归咎于步兵的"疏忽大意"，此举令步兵们愤慨不已。当然，讽刺的是，部队教导士兵忽视自己的痛苦，可当他们这样做的时候，却又被冠上了不守纪律的污名。威廉·康登一直等到阿登战役结束后才寻求医疗救助，他双脚"浮肿，已经变成紫黑色"。在巴黎的一家医院里，医生告诉他，他的脚伤是"疏忽大意"所致。康登只能尽量忍气吞声。"那个医生之所以能对我评头论足，是因为他人在巴黎，睡的是干燥温暖的床，衣柜里还挂着多余的衣服。"[130]

其他士兵就没有这么好的耐性了。当战壕足在第34步兵师爆发的时候，那些被迫三次横渡沃尔图诺河的士兵被指责没有在头盔里带一双干袜子。一个中士反驳道，就算这些藏头盔里的袜子最后没有湿透，"谁会愿意在雷区冒着枪林弹雨换袜子？"[131]当诺布尔·加德纳在赫特根森林战役结束后为自己冻得发青的双脚寻求救助时，一个医生告诉他："你的脚变成这样，是因为你没有在脚变湿的时候换袜子。"加德纳勃然大怒："老天！你要不要自己去试试看！我在泥坑里住了两个星期，水漫到这儿，德国佬还一个劲儿朝你射击，而你哪儿都去不了！"[132]陆军医疗勤务队在一定程度上承认，战斗条件使得足部护理无法实现。"有些不可控情况的发生可能会导致战壕足伤情，"第5军的一份病情公告承认，"但在这些已经出现的病例中，这一起因只是例外，不是常态。"[133]

1945年1月，《时代》杂志表示，战壕足呈泛滥之势的原因在于，"美国兵没有注意换干袜子，也没有进行脚部按摩"。该杂志指出，相比苏联兵经常按摩双脚，英国兵坚持保养军靴并频繁换袜子，美国兵在这方面则差之千里。[134]当步兵们读到国内寄来的这些文章后，他们怒不可遏。罗斯科·布伦特这样回应道：

> 文章说，战场上的士兵应该每天用干净的干袜子换下湿袜子。而且，士兵应该至少每小时脱一次鞋，给脚按摩十分钟。再者，士兵绝不能在温度要降至零度以下的时候把脚放进水里。最后，他应该穿没有破洞的套鞋，并随时随地扣好上方的扣子。但文章忘了说，美国兵还应该在每天下午三点休息一下，喝点牛奶吃点饼干，而且每餐饭吃完后还应该刷个牙。[135]

愤怒不仅助长了讥讽，还引发了反抗。步兵们很快意识到，他们的脚可能是通往后方的门票。[136]威廉·霍顿的小说《午夜晴空》*中的叙事者认为，"如果我们能躺进医院温暖舒适的病床里，远离这个疯狂的局面，那么失去几个脚趾也算不上多大的代价。更何况，我们还有机会活下来"。他注意到，他的战友"开始穿着湿袜子和湿靴子睡觉，希望并祈祷着……"在阿登高地的一天夜里，筋疲力尽的纳特·弗兰克尔说，他"跪在地上祈求上帝赐我战壕足……我目睹过太多身首分离的头颅，太多冻成冰棍的血管"。第二天早上发现自己无法走路的时候，他欣喜若狂。"谁知道呢，也许就是因为我的愿望太过强烈，所以自己染上了战壕足吧。"[137]

然而，感染也并非总是这么容易。莱斯特·阿特维尔描述了另一名列兵对这个疾病的失望之情："而我就那样，把脚露在外面，把它们扎进冰水里，用尽一切办法……**可它们就是没冻僵!**"[138]一旦住进医院，和 J.H.伯恩斯的小说人物迈克尔·帕特里克一样的步兵便用故意让双脚再次受伤的办法延长住院时间。每天早上医生到达之前，他会把脚搁在床沿的上方，直到脚趾变成紫色。[139]

事实上，装病的现象已经有很长的历史。虽然步兵的脚象征坚忍，但它也能代表怯懦。在意大利战役中，美国兵用 "always dragging their feet"（老是拖拖拉拉）和 "pussy footing around"（游手好闲的懦夫）来形容英国兵。[140] "on the trot"（一个接一个）意味着擅离前线。[141]朝自己的脚开枪，是离开前线的一个经久不衰的手段。一名军医表示，脚部中枪的事件在等候战斗的时期会增多，因为恐惧在这个时期有了可乘之机。[142]在阿登高地，外科医生杰西·考德威尔在 12 月 17 日的日记中记录道，有 3 个人先后在 15 分

---

* 书中的故事后来被拍成了电影《战火赤子心》。——译者注

钟之内朝自己的脚部开枪。[143] 常用的借口是枪走火。士兵会隔着一片面包朝脚部开枪，从而避免暴露实情的火药灼伤。[144]

但谁都不是傻子。有一次，美国兵詹姆斯·弗里看到一个年轻人借口说擦枪的时候出了意外，"接着我们目光交汇，他顿时满面愧色，目光下垂，眼泪从脸上滑下来"。美国兵查尔斯·怀特豪斯记得有一个士兵很不走运，他朝脚部开枪后，只有大脚趾和第二个脚趾之间的部位擦破皮。[145] 由于当局通常无法证明这种枪伤是自伤，所以他们以疏忽为由将这些士兵定罪，判罚六个月监禁。[146] 脚部中枪的事件迫使其他士兵鼓起最后的勇气。因为脚是坚忍的象征，所以它的毁损会引发士气危机。

尽管脚伤被视为软弱的表现，但战壕足为离开前线提供了一个更谨慎的办法。正如伯恩斯小说中的美国兵所言："他想了很久……觉得自己会崩溃，而战壕足可能比精神失常来得体面一点。"[147] 作为一种装病方式，战壕足不太容易被看出是怯懦所致，因而更为"体面"。1943 年初，患这种疾病的士兵能获得一枚紫心勋章，当时官方仍将战壕足视作战斗造成的"伤害"。然而当病例在同年秋末开始激增时，陆军指挥官产生了怀疑。引发争议的便是"蓄意"这一棘手问题。[148] 为了离开前线而自伤是一回事，因为这一举动而获得奖章就是截然不同的另一回事了。1944 年 12 月突出部战役打响的时候，军队指挥官开始以上军事法庭为威胁强令士兵不许感染战壕足。这一策略收效甚微。正如美国兵约翰·库利所言："对于一个在前线又病又苦的士兵来说，军事法庭可以用来缓解他的痛苦。如果他是二等兵，在军阶和薪酬上他能损失什么？ 在远离前线的安全地带，有热饭热菜可以吃，有干净的床可以睡，还有遮风挡雨的房子，他又能有多不开心呢？"[149]与此同时，极少有装病的人为自己逃离前线感到高兴。其一，他会为自己的怯懦感到羞耻。帕特里克心想，"或许是某种潜意识的懦弱在脚部爆发，致使他患上了战壕足"[150]。损坏自己的身体违背了人类自我保护的深层本能，它需要一种陌生的勇气。"也许我缺乏一种特别的胆量，令我无法将自己可耻的诱惑进行到底。"在目睹一名中尉朝他自己的脚部开枪后，爱德华·阿恩如是坦陈。[151]

对步兵而言，战壕足承载着越来越复杂的意义。它表明军队未能照顾好士兵的身体。而且，这一疾病深化了阶级和军衔，以及前线和后方之间的矛盾。拿到好军靴和干袜子的，是需求最小的后方士兵和军官。更有甚者，步兵还因为他们自己的苦难备受指责，被形容成懒惰和马虎的人。因此，对前线的士兵而言，战壕足让他们记得自己在军队中地位低下。最后，你如何应对麻木的双脚决定了你是怎样的人。一声不吭地忍受战壕足展现了你的男子气概，寻求医疗救助则为你打上了"怯懦"的烙印。但事实几乎绝非如此泾渭分明。谁能分辨谁的战壕足是有意之举，谁的又是以苦为乐的男子气概所致？ 究竟谁是"真"男人，谁又只是在假装呢？ 装病的人靠的就是这种模棱两可，步兵则为这种不确定所制造的困境感到绝望。毕竟，你要如何在展现男子气概的同时照顾好自己的身体？ 你的双脚要感染到什么程度，才能让自己的男子气概变得毋庸置疑？

对将军而言，战壕足意味着另一种软弱。这种伤病造成了人类暴力单位的失效。它侵蚀了一个师的核心力量，威胁着战争的成功进行。将军们和他们的部下一样，也认为战壕足是一种指挥失误。但他们对这种失败的定义有所不同，他们认为这是正规足部纪律训练的缺乏。这种解释回避了装备不合格和战斗条件恶劣的问题。它还暗指步兵太过愚蠢，不懂得照顾自己的身体。战壕足流行病的核心，是一种根植于美国、法国和英国文化的阶级优越感。下层人群被"钉上了"懒惰、粗心的偏见。[152]一份美国陆军手册声称，普通士兵"如果没有权威的指导，将不会用心照顾自己，他对自己不懂的事都不屑一顾。"[153]

在两场冬季战役的恶劣条件下，战壕足很可能无法避免。与此同时，用抽象化的人力来思考身体，同样对士兵不利。第 101 空降师的唐纳德·伯吉特讲述了一个发生在阿登高地的相关故事。由于认为这些士兵笨重的冬装会妨碍战斗效率，他的连队指挥官强迫他们把衣服全部留在一片田野里。"等我们把德国人赶回他们的老窝，"伯吉特讲述，"我们第二天就能回来取这些厚重的冬衣。"伯吉特对东线有足够的了解，他知道"苏联人在冬天穿大衣作战表现得很好，但显然总部的某个重要人物觉得我们应付不来"。尽管天气寒冷刺骨，但整个连队的士兵却都脱到只剩夏装，他们再也没能回到那片田野。伯吉特痛苦地回忆道，当气温降至零度以下，他身上没有"暖和的套鞋，也没有口袋里装着 K 口粮的保暖外套。它们都在我们进攻之前按照命令留在了诺维尔附近的田野里"。他的双脚没过多久就冻僵了："我们每走一步都小心翼翼，生怕绊倒摔跤。我感觉自己就像在飘，我能看见我的腿往前迈，也能听见脚落地的声音，但感觉不到跟地面的接触……你什么都做不了，只能咬牙硬撑。"[154]伯吉特的指挥官表现出了罕见的愚蠢。但如果指挥官们在思考的时候少把士兵当作人力，多把他们当作有知觉的人来看待，就不会有那么多人失去他们的脚。

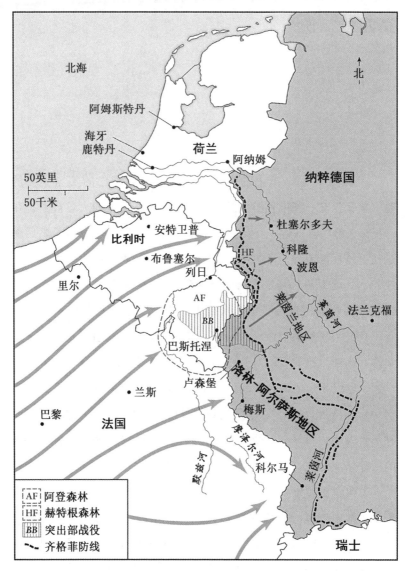

北海

北

阿姆斯特丹

海牙
鹿特丹

阿纳姆

荷兰

纳粹德国

50英里
50千米

安特卫普

比利时

布鲁塞尔
列日

杜塞尔多夫

科隆

波恩

HF

AF

里尔

BB

巴斯托涅

莱茵兰地区

莱茵河

法兰克福

卢森堡

洛林-阿尔萨斯地区

兰斯

巴黎

法国

梅斯

摩泽尔河

科尔马

莱茵河

默兹河

AF	阿登森林
HF	赫特根森林
BB	突出部战役
- - -	齐格菲防线

瑞士

地图 4　突出部战役

第四章 伤

1944 年 10 月,脸上的伤口从眼睛蔓延到嘴巴的英国士兵约翰·索普坐在一列前往英国医院的救护列车上。这列火车被安排在"夜深人静"时抵达。当索普问为什么这样做时,他得知天黑后输送伤员是标准流程,目的在于"防止高伤亡人数在白天引发公众关注"[1]。这是将伤员从大众视野中隐去的典型做法。他们大多以伤亡名单的形式出现在英国公众面前。[2]担架员迅速将伤员抬离战场不只是为了给他们疗伤,也为了避免前进的士兵看到他们。正如美国兵基斯·惠勒所言:"在战争中,你跟尚未遭劫的活人生活在一起,也跟死人生活在一起。但你很少看到受伤的人,除了目睹他们中弹和被抬走的时候,他们躺在血淋淋的担架上流着血,而且往往不省人事。"[3]一旦受伤,英国士兵就会被限制在远离公众视线的医疗站或医院,只有医疗人员能见到他们。

主流军事历史学者也经常将伤者隐没,对诺曼底战役的许多叙事就是其中一例。[4]在这些文章中,受伤的士兵并没有被描述,而是以数字的形式出现。他们和伤亡报告或军事指挥官回忆录中出现的方式一样——被作为胜利的数字化"成本"或征服的"代价"。[5]没有士兵会用这种方式形容他们自己的伤。研究诺曼底的历史学者还通过重新描述的手法模糊伤情。被重创、被袭击、被肢解的不是作为个体的士兵，而是以师为单位的军队。[6]战役被形容为"可怕的血磨坊"，而不是对人类的屠杀。[7]当士兵的伤得到描述时，它们通常由于过于血腥或离奇而显得不切实际——被吉普车碾压的上半身，从眼眶里掉出来的眼球，还留在靴子里的一只脚，被炸掉头颅的身体，散落一地的肠子，以及头盔里四分五裂的脑袋。[8]

实际上，这些极度惨烈的伤在伤亡情况中很少见。英国士兵遭受的伤有六成至七成都被认为是"轻伤"，因而在主流历史叙述中以无关紧要为由不予涵盖。[9]但这些伤对承受它们的人、评估它们的人、包扎它们的人，抑或给它们做手术的人而言，又意味着什么呢？[10]被子弹或者弹片击中是什么感觉？士兵根据伤情发生的背景和身体部位被分类。有些是他们欢迎的，有些是他们畏惧的。在救助站、救护车和医院里，伤情变成了医疗诊断和手术的对象，其含义也发生了巨大的变化。尽管士兵和医生对同样的伤有着不同的理解，但他们都在其中看见了战争能对人类身体为所欲为的悲哀。

战争医疗是一个巨大的历史领域，最适合以一个国家为重点来集中回顾。本章关注的，是1943年至1945年参与意大利和北欧战役的英国士兵及医疗人员。在第二次世界大战的所有战场上，每十个英国士兵中就有一人在战斗中负伤，伤亡总人数大约有25万人。仅以欧洲战场为例，我们可以提问，这些士兵是如何将不同的伤分类排序的？他们后来如何回忆受伤的过程？同样的伤，其意义在伤员从战场转移到手术台的过程中是如何改变的？以及索普的疑问：为何要把伤员藏在人们看不见的地方？

士兵们总在讨论受伤的事。失去四肢中的哪个更好，一条腿还是一条胳膊？[11]每个步兵都知道火炮能对人类身体产生怎样的作用。士兵用"结痂的肉派"形容严重受伤的手臂或腿。[12]看见这种伤让他们意识到，战争可以将他们从人变成物。[13]为了应对这个念头，士兵们某种程度上活在拒不接受的状态中。"有的战友被'跳跃的弹片'炸掉了双脚，还有人被毁掉了睾丸，"道格拉斯·阿兰布鲁克如是回忆他在意大利的经历，"哪怕是对恐惧已习以为常，也无法淡化眼前的场景，你的内心会长出疤痕组织。"[14]失去朋友则是例外。当雷克斯·温菲尔德的朋友特德负伤被送走后，他会因为牵挂特德是否还活着而失眠。"他摔下来的时候有没有缓冲？ 如果有，这很可能代表他只是受了伤。可如果他的脖子、膝盖或者脚踝耷拉着，你知道那意味着什么。"[15]

最佳的伤情是名为"返乡伤"（Blighty）的伤，也被称作"英国的触碰"（Blighty touch）。[16]以伦敦的俚称命名的"返乡伤"，是一种能将你带离战场返回家乡，同时不会让你终身残疾的伤。（美国兵称之为"百万美元之伤"。）[17]上战场之前，士兵们会彼此鼓励："振作点儿，说不定我们能摊上'返乡伤'呢。"[18]"返乡伤"可谓一种好运。胳膊、手部或脚部受伤，最好是被子弹击中，这是最佳情况。也就是说，这种伤情往往不十分严重。它们不会让你的"重要部位"丧失功能。当詹姆斯·艾伦观察胸部的伤口时，他高兴地发现，"重要部位、四肢和附属器官"都还在。他表示："说不定它能挣来一个'返乡伤'的名号呢。"I.J.鲁克·马修斯同样用

"骨头和重要部位都没受影响"的表达方式描述他的"返乡伤"。当 W.S.斯卡尔感觉足部疼痛时，他希望自己那里中弹了。结果，他的脚只是被石头砸青了。"我只是脚疼了一个星期，根本不是什么'返乡伤'。"[19]

因此，"返乡伤"是严重的，但不是特别严重。最理想的情况下，它能确保送你回家。从这个意义而言，具有讽刺意味的是，受伤能提供安全。正如温菲尔德所言，它是"脱身之术"。[20]虽然许多受伤的士兵宁愿归队和战友们并肩作战，但其他人都为"脱身"而感到欢欣鼓舞。[21]据有人叙述，所谓的"可行走的伤员"是战场上最高兴的人。[22]威尔士燧发枪团士兵彼得·莱德受伤后，他最先向医疗官问的问题就包括"我能回家了吗？"。鲁克·马修斯记得，医生会先给躺在床上的伤员做检查，然后朝护工点头。"如果病人脸上露出大大的笑容，说明他能够回家了。"玛丽·莫里斯护士有一天在日记中写道，士兵们在病房里"愉快地聊着天，远离战场让他们感到如释重负"[23]。

对于那些连一天也无法在战场上多待的人而言，"返乡伤"给了他们一张出境票，同时免于自残伤所附加的污名。士兵所受的伤是对其男子气概的一种检验。受伤的背景至关重要：你是怎么中枪的？为什么会中枪？那些朝自己的手脚开枪的人，声称那是一场"意外"。但这种伤口很快就被军医和其他士兵认出是为了逃避作战而导致，它们也随之变成了耻辱的记号。与之相比，"返乡伤"是值得尊敬的。它让你以适度的代价成了英雄。

每一种伤都是令人畏惧的，但有些伤比其他的伤更甚。装甲成员害怕坦克被火炮击中后士兵所遭受的严重烧伤。[24]法国坦克手让·纳瓦德在日记中写道，尽管"那些皮开肉绽、痛苦呻吟的伤员"让你不忍直视，但这场景丝毫比不上"那些因为全身着火而极度痛苦地跳出坦克的人"。步兵对眼部受伤也心怀畏惧。"我们过去经常谈论这个，"一名士兵回忆道，"胳膊，腿，可以接受。但是眼睛？ 那真的比什么都糟糕……你不会介意战死，但你不想变瞎。"[25]不同于"返乡伤"，引发失明的伤对未来索取太多。你整个余生都成了战争的废料。

士兵还担心身体的核心部位受伤。心脏或腹部中弹意味着你很可能将一命呜呼，这不仅因为伤口作用在"重要部位"，还因为这种伤需要立即接受手术。你可能还未等到救护便失血而死。接着是羞辱性的伤。谁都不希望回家的时候没有生殖器。[26]许多士兵睡觉的时候会用头盔保护他们的"一荤两素"，而不是保护他们的头部。他们开玩笑说，尽管头部受伤会要了他们的命，但失去命根子会让他们想要了自己的命。[27]

臀部受伤也有些令人羞耻。在意大利山脉的战役中，索普记得，他看见有些士兵"屁股朝上"被驴驮着送下山。"你屁股上被打了个洞。"斯卡尔臀部中弹后被军医告知。"但愿如此吧。"他回答。当戴维·埃文斯在一次巷战中遭遇攻击时，他忽然想到，"我的背部高出了马路牙子，如果'臀部中弹'就有些不光彩了，那可不是什么好吹嘘的事"。后来埃文斯因为鼓膜破裂入院治疗的时候，他记得有个病人的伤是由一发子弹穿过两瓣屁股造成的。有一天，当埃文斯和其他士兵看着护士给那个人料理伤口时，"一个英格兰东北部的叫泰恩赛德的伙计开口了：'知道吗，从我这里看过去，麦克好像有五个屁眼。'他的俏皮话引来一阵大笑"[28]。

因而在战争中，士兵们为了理解伤情会根据严重程度、虚弱程度以及耻辱程度给它们分类。这些意义也会在士兵回忆伤情时出现。回忆录对作者而言起到了重要的情感作用。通过重建时间、场景以及包括昏迷在内的受伤情况，士兵将自己受伤的经历连贯起来，并为之画上了句号。此外，他重获了受伤那一刻所失去的对身体的权力。[29]

士兵通常以一个战斗场景开始他们受伤的故事。这场战斗往往十分残酷，生还的机会渺茫。例如，坦克机械员罗伯特·博斯科恩的叙事便以全面战斗开场，其部队在人数上处于严重劣势。博斯科恩在坦克里看到许多士兵在试图过桥的时候牺牲，他还看见四门德国150毫米炮向他瞄准。[30]彼得·莱德在比利时作战时受伤，他形容当时"战况极其艰难，暴风雪肆虐，敌军疯狂的机枪阵地藏在树木繁茂的丘陵地带"。呈现出危险的战斗环境是一种自我原谅的做法。如果一个士兵受了伤，那是因为战况不受控制。"为什么我们的炮手没去干那些德国重武器？为什么我们被扔在这场一边倒的争斗中等死？"H.W.弗里曼·阿特伍德在受伤前如此发问。[31]

受伤的那一刻至关重要。随着一种武器刺入士兵的身体，它打破了他本人和世界之间的心理屏障。当莱德在阿登高地受伤时，他感觉他的"整个世界消失了"。创伤有打破自我边界的力量——把内部世界显现在外。有些士兵记得受伤的那一刻仿佛灵魂出窍。"一道耀眼的光闪过，我发现自己茫然地盯着脚正前方一个冒烟的小弹坑，"沃尔特·艾略特说，"尽管我的身体肯定已经倒地，但我发现自己处在一个奇特的位置，我感觉我正在俯视自己。""接着我突然看见了每一道光，听见了意大利的每一声钟响，"比尔·斯库利在卡西诺受伤后回忆道，"我只记得自己又落回了地球。"[32]

为了将受冲击的那一刻正常化，士兵们使用了日常隐喻。子弹打出了"猛力一击""严重一击"或者"沉重一击"。[33]戴维·埃文斯记得有"一股热气，我感觉自己实实在在受到了猛烈的重击，全身上下同时被击中"[34]。"我感到左边的手臂、臀部和肩膀受到了重击，力度很大。"彼得·霍尔讲述道。[35]它还可能像"被捶了一下"或者"被踢了一脚"，或者"触电的感觉"。[36]"人们经常问中弹是什么感觉，"詹姆斯·艾伦写道，"我只能说，前一秒你还站着，后一秒你就像被马踢了一脚似的倒在地上。"[37]当约翰·索普被迫击炮弹击中时，"就好像我被一个炽热的板球击中了脸部"。[38]士兵被一个热球击中、撞到、踢中、撞击，同时引发失控。接下来的叙事便围绕重新获得控制而戏剧化地展开。

士兵受伤后的第一个冲动是检查自己的伤情。他哪里被击中了？ 有多严重？ 这很难判断，疼痛和流血都不是伤情严重性的可靠依据。感觉不到疼痛可能意味着伤势严重，也可能代表毫发无损。一个身受重伤的士兵往往会立刻进入休克状态；有时他会被战斗分散注意力；有时他的身体因为寒冷而毫无知觉。[39]"这种休克似乎会麻醉身体，直到它逐渐消失，接着就是剧痛！"艾伦表示。雷蒙德·沃克直到进医院开始暖和起来才感知到手臂的疼痛。休克状态的掩饰将步兵置于痛苦的不确定中。当 W.S.斯卡尔受伤后，他心想"我的腿断了，因为我曾听说你一开始感觉不到疼痛，过一会儿才会恢复知觉"。不过，他只是足部受了一点轻伤。雷克斯·温菲尔德"很沮丧"，因为他感觉不到"致命的疼痛，也没有痛苦地挣扎，或者感到整个身体撕心裂肺的剧痛"。但事实上，他身负重伤。[40]

流血和疼痛一样，并不是可靠的指示信号。斯图尔特·蒙哥马利以为自己躲过了一场火炮袭击，直到他发现自己在流血。"天哪，我肯定伤得不轻。"艾略特发现"我的左胁开始往下流血"时心里这样想。看见身上有血常常令士兵往最坏的方面想。"我感觉背部受到了重击，我可是总能逢凶化吉的啊，"爱德华·霍雷尔回忆道，"我把手插进背后的口袋，拿出来却发现上面全是血，看来这次情况不妙。"[41]嘴里出血的情况尤其令人害怕，因为它是内伤的信号。[42]表面的伤口可能血流如注，使伤情看上去比实际情况严重。血从脸部的枪伤"喷涌而出"让 P.G.特雷感到担心。尽管他在"大量失血"，但他只需要简单的头部包扎就能返回前线。[43]"它比实际情况看起来严重多了。"蒙哥马利对自己的伤势评价道。约翰·霍尔感觉胸口受到了重击，他"有那么一瞬间，看到有血迹的时候，以为自己伤得很重"。后来他意识到，是一个炽热的炮弹碎片砸在了他身上。[44]

然而血是受伤最常见的代名词。"血溅得到处都是，"一名士兵回忆一个救护站的场景时说道，"房间的地上是一滩一滩的血，医生的工作服上沾满了血，楼梯上淌着小溪一般的血。"[45]埃文斯用"浴血"来形容自己最激烈的战斗之一，他还记得看见一辆坦克的地板"满是鲜血，还有一些零星的人体碎片"。鲜血从一个补充兵身首分离的头部"喷涌而出"，A.G.赫伯特说。"弗兰克的伤势十分严重，"A.马尔谈及其指挥官时写道，"他的情况非常糟糕，制服的许多地方都有血流出来。"塞西尔·牛顿发现一辆坦克的炮塔上有红色污渍，当指挥官说那是铁锈时，牛顿并不相信他的话。[46]美国士兵也为鲜血赋予了象征意义。[47]纳特·弗兰克尔讲述道，在突出部战役期间，由于他所在的装甲师急于奔赴前线，士兵们没有在撒尿的时候停下来，而是直接站在坦克两侧解决问题。当致命的战斗开始后，弗兰克尔回忆道："我们机器周围流淌的不再是尿，而是鲜血。每当我回忆突出部战役时，我记得动态的颜色是黄色，而所有静态的色调都是红的。"[48]

因为伤员在被救治的过程中通常时而清醒时而昏迷，所以他们一连数天都不知道自己身在何处。把"发生的故事"连贯起来成了一个难题。彼得·霍利黑德在腿部受伤后只能想起一些"瞬间"：被抬上担架，上了一艘船，躺在医院里。牛顿在卡车上朝外面吐了，后来在草地的担架上醒来，抬头看见一个外科医生，最后在干净的床上恢复意识。和部队失散的信号兵 L.F.罗克大声呼叫担架员，他听见有人在路上行进，于是用叶子遮住自己，最后躺在一辆装甲车上被带走。[49]艾伦的故事断断续续，也很典型。有人过来护理他的伤口，结果趴在他身上死了。后来他在一个救护站醒来，有人给了他一根烟。再后来他躺在一辆吉普车的担架上，接着进了手术室，最后被安置在一条拥挤的医院过道里。沃克只记得一位修女俯身为他擦洗身体，他以为自己到了天堂。[50]

因此，在重现自己受伤经过的过程中，许多人未能获得连贯的叙事。与此同时，把故事串联起来是一个至关重要的需求。很多老兵不遗余力地去弄清发生在他们身上的事情。举例而言，罗克在部队历史和私人通信中做了广泛调查。他还于 1984 年返回受伤的地点，并画了一幅详细的地图（见图 4.1）。艾伦则后悔没有在写给妈妈的一封信中落下日期，"因为这或许能帮我从 2 月 10 日参与战斗直到苏醒的这段时间划定一个范围"[51]。

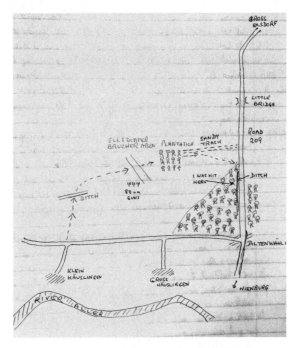

图 4.1　L.F.罗克的日记，帝国战争博物馆

受伤的士兵依赖其他人帮他们填补空白。当埃文斯的一个鼓膜破裂后，他患了失忆症，于是他请朋友戴夫帮他回忆。"那晚其余的时间依旧一片空白，后来戴夫告诉我，早上的时候，有人发现我'有点反常'。""我对自己要被送回家一事感到非常生气，还大吵大闹。"帕德雷·莱斯利·斯金纳根据两个朋友的证词表示。根据莱德的叙述，有三个战友说他们"冒着危险走了很远"才找到躺在雪地里的他。[52]

用开头、中间和结尾来拼凑一个连贯的叙事，使得这些士兵能恢复他们在受伤时经历的创伤性断片。一股核心力量推动着事态向前发展，有时是一种直觉。坐在吉普车上的布赖恩·哈珀决定摘下头盔，但"有一种感觉让我停住了手"。没过一会儿，他遭到了一块炮弹碎片的重击。醒来之后，他在头盔上发现了一大片凹痕，并断定头盔救了他一命。因为那弹片将他从吉普车上击落，黑暗中他躺在路边。他继续道，一种未知的力量再次救了他。跟在他后面的吉普车司机停下来把他带上了车。"一般他会忽视躺在路边的人，"哈珀推断，"但这一次，他告诉我有一种感觉让他停下了车。"未知的奇迹是另一种推动力。当温菲尔德躺在战场上等待担架员的时候，他想起有人曾告诉他，"在危险时刻，可以通过意念向亲人传递信息。我非常努力地集中注意力，试图告诉母亲我受伤了。她听到了我的话，这是无法解释的"[53]。

运气是推动故事的另一个因素。斯卡尔臀部受伤之后，医生告诉他，"要是再往上半英寸，子弹就会射中你的脊椎底部，那你就终身瘫痪了"。"你很幸运，"一位医疗军官在莱德头部受伤后告诉他，"要是再偏一点点，你就不会在这儿问问题了。"蒙哥马利的外科医生也说他很幸运，因为飞到他背部的弹片没有刺穿肺部。而对于 D.H.克拉克上尉来说，要不是他的皮带不偏不倚地挡在那儿，那块飞来的弹片就会打进他的腹部。[54]"有惊无险"的情况使人联想到战场上尚有仁慈的力量在运作——许多士兵欣然接受这一观点，将其视作一种生存的精神工具。

有些士兵出身的作家，通过将自己受伤的故事融入既定的军事叙述的方式，为其赋予了更宏观的"历史"意义。罗伯特·博斯科恩利用德国目击者报告、照片和武器手册，以及母亲和战友寄给他的信件，把自己的负伤经历写进了阿纳姆战役的故事。罗克画的地图也同样融入了个人和军事叙事（见图 4.1）。"我是在这里受伤的。"罗克指出，他在特定的地形和具体的军事行动中定位了受伤的地点。这份地图不仅再现了壕沟、树木、一条"砂石路"和一座"小桥"，还重现了火炮发射阵地和军事行动。罗克甚至试图更正历史记录，他提出自己"并非如陈述所说是被'铁拳'的弹片击中的"[55]。

　　设法掌控受伤的经历是罗克叙事的中心，他自己就是故事的原动力。在时而清醒时而昏迷的过程中，罗克找到了一瓶水用来解渴；他还吃了一份紧急口粮中的巧克力来补充能量；他给自己包扎了腿伤，最后还用"编号"命令自己想办法把湿靴子脱了下来。罗克决心要到达英军的防线，他沿着一条小路拖着身子往前，"做好了随时遭受一阵机枪扫射的准备"[56]。个人的勇气和毅力贯穿了罗克的叙事。通过将自己塑造成英雄，他重新获得了一种在负伤的痛苦中失去的掌控感。

　　牛顿也利用自己艰难的个人逸事来恢复失去的权力。尽管胸部严重受伤，但在牛顿的描述中，他一直掌控着局面。他爬到附近的一栋房子里，并有意识地将身上的德国勃朗宁手枪藏到了床下。"德国人对拥有他们装备的俘虏不太友好。"虽然嘴里在大量流血，但牛顿记得自己没有惊慌，而是一直很镇定。"我一刻也没想过自己会无法摆脱眼前的困境。"[57]你也许会怀疑，牛顿的掌控感是否真的如他所说那般强大。然而尽管其负伤经历的真相无从知晓，但他选择回忆这段经历的方式具有同等重要的意义。受伤——不论有意无意——都是一种丧失权力的体验，而权力的恢复对心理疗愈至关重要。

受伤的故事不仅有救赎性的一面，还有恢复性的一面。整个叙事从混乱转为有序，从痛苦变成舒适，从危险化为安全。许多受伤的士兵提到了在救护站喝到的"那杯救命的茶"[58]。医院的定时用餐让日子有了节奏和规律，前线的老兵对此十分感激。[59]受伤还意味着能见到女人。"照料我们的是一些非常漂亮迷人的加拿大姑娘。"E.J.鲁克·马修斯说。索普形容照顾他的几位护士是"清新靓丽的英国姑娘……非常养眼。"当埃文斯带着轻伤从前线被用担架抬走的时候，他的战友们建议他，别"一下把所有的护士都睡了，要给自己机会好好地一展身手"[60]。

干净的床铺代表安全。[61]莱德醒来之后感到很安心，因为他"躺在医院干净的床上"。断断续续地昏迷了几天后，牛顿在"清爽干净的床上"苏醒。索普同样在医院醒来，"白色的粗布围裙唤起了我儿时的记忆，给糟糕的处境带来了一点慰藉和安全感"[62]。医院的病床和战场的狭长战壕截然相反。当受伤的士兵触碰到身上覆盖的被单时，他们知道自己获救了。

3

当士兵在英国军事医疗系统中为自己的伤情寻求护理时，其意义发生了根本的改变。[63]在战场上，伤是感觉和疼痛的来源。在英国军事医疗系统——皇家陆军医疗队——中，伤员成了诊断的对象。医生关注的不是病人，而是即将经历一系列医疗和外科手术程序的伤口。"你不再是自己命运的主人。"斯图尔特·蒙哥马利谈到就医的时候表示。[64] 虽然医疗仁善是皇家陆军医疗队的核心，但其目标是尽快将士兵送回他们的战斗队伍。[65] 前面我们已经看过，疗愈意味着再次面对死亡。

皇家陆军医疗队对伤员的治疗遵循两个主要程序：评估和撤离。担架员把伤员抬下战场（除非这些人自己能走），然后把他们送到救护点或急救站。这些站点部署在前线后方，医疗人员在那里判定伤情的严重性。这个判断将决定你被撤往哪里，以及你能多快接受治疗。优先权被给予那些伤势最重的人。军医同样会在救护点做紧急治疗，包括包扎和输血。处于休克状态或因情况太不稳定而无法撤离的士兵会留在这些站点，而那些需要手术或能够转移的士兵则去往离前线更远的伤员处理站。在伤员处理站，士兵的伤口会被再次评估。如果需要手术，他们会被送往外科中心；如果伤势没有危及生命，他们则被送往医院。

伤员鉴别分类将伤情变成了一个棘手的抉择。医疗系统的每个层级都要面对先治疗谁的决定。这套在拿破仑军队创立的制度以法国动词 trier 命名，意为"分类"。伤员鉴别分类从战场开始。当士兵被发现受伤的那一刻起，他的伤便按照相对严重程度进行评估。对所有伤员伤势的判断都是通过彼此互相对照得出的。当急救人员——往往冒着炮火——穿过战场施救时，他们必须对治疗的优先顺序快速做出决定。伤情有多严重？ 伤员会不会很快死亡？ 他是否能被转移？ 他是否毫无希望，抑或是否值得为他投入医疗救护资源？疼痛和流血都无法作为判断伤情严重程度的准确标准，这使得决定的做出更加困难。表面的伤口可能大量出血，而休克使得伤势最重的士兵无法开口。担架员不得不形成他们自己的标准。一位医护兵将伤员的声音当作决定的依据。如果一个士兵呼喊着母亲，这代表他伤势极重，可能命不久矣。如果他喊的是医护兵，说明他伤得不重。[66]

1940 年 6 月开始，医疗从业者被征召至陆军医疗勤务队。医护兵和担架员则来自普罗大众，通常不具备专业医疗资格。他们在训练中学会如何使用医疗设备，如何止血，如何为骨折的人上临时夹板，以及如何安全接走伤员。[67]这些一线的应对者被培养出了敏锐的眼光。当一名医护兵过来"迅速查看"E.J.鲁克-马修斯的伤口后，他"给了我一个令人安心的'医护兵'的招牌眼神，然后给了我一个战地止血包，让我紧按在胸部的一侧"。医护兵也有粗暴的时候。当 P.G.特雷发现他的脸颊和耳朵在喷血时，他试图引起一名正在战场上忙得不可开交的医护兵的注意。据特雷所言，那名医护兵"怒骂着驳回了他的请求，说他要'料理伤员，而不是我这样的狗崽子'，叫我自己用战地止血包"。当迈克尔·亨特被飞来的弹片砸伤手臂后，他去了救护站，心想那是个"返乡伤"。"那家伙剪开我的衬衫，抹了一点膏药在上面，然后对我说'滚吧'。"[68]

当士兵开启入院的漫长旅程，医生和护士也着手破译他的伤势。外来物体是从哪里进入的？它在伤员体内的轨迹如何？它给皮肉和骨头造成了多少损伤？伤员被分为"濒临死亡""情况危急""伤情严重"或"没有生命危险"等类型。[69]病人的面色、脉搏和血压也是分类所依据的因素。[70]"我们必须把他们区分开，给他们包扎伤口，再把他们装进救护车送回主急救站。"D.H.克拉克回忆他在救护点的工作时说。[71]一位医生表示："在接待区……几乎没有下脚的地方。我们的任务就是分类：弄清哪个病人该去哪里，以何种紧迫程度接受哪种治疗。"[72]受伤的士兵试图通过观察医生的面部表情来了解自己伤情的真相。一名外科医生记得，士兵在接受检查时会以一种"奇怪的、敏捷而尖锐的目光审视"他。[73]

伤员的鉴别分类对执行的人而言压力极大。[74]腹部伤口几乎总会得到优先治疗，因为要想病人保留任何存活的机会，他们必须在 12 小时之内接受手术。[75]分类绝不是一项例行程序。如果士兵的病情在等待手术的过程中发生改变，那么输送名单和手术名单也会随之变动。[76]假如士兵在手术之前需要输血，那么他们会被排在手术名单的很后面。[77]伤员鉴别分类将受伤转变成了一场赢家即是输家的游戏：那些被赋予头等优先权的是离死亡最近的人。对外科医生斯坦利·艾利特而言，让他"最为难的"是那些"千疮百孔、面目全非的不幸的士兵，医生非常清楚他们已经命悬一线……如果不将其列入手术名单，他们必死无疑"[78]。但是，许多外科医生会把垂死伤员的名单往后靠。面对一具腹部严重受伤的身体，外科医生 J.C.沃茨"沮丧地"拒绝了这一病例，只为给十名存活率大得多的伤员实施手术。[79]

因为德军和英军的医疗系统都会进行伤员鉴别分类，所以战俘通常会以同样的方式被"分类"。[80]尽管无法知晓每个病例，但有证据显示，双方都会遵循严格的规定。在阿纳姆战役中被俘后，内科医生 T.雷德曼被强制在一家德国医院工作。据他所言，手术对象的筛选"十分公平，国籍从来不在考虑之列"[81]。"他们都是病人，地位和国籍不重要。"玛丽·莫里斯护士在日记中写道。英国护士蕾切尔·米列特向读者保证，德国士兵"受到的待遇和其他所有伤员完全一样，在艰难的条件下得到了力所能及的最好治疗"。"护士照顾病人的素养不能像灯一样想开就开，想关就关。"布伦达·麦克布赖德强调。不过当一个纳粹党卫军士兵朝麦克布赖德脸上吐口水还骂她"英国猪"之后，主治医生宣布他将最后一个接受治疗。[82]事实上，英国医护兵乐于接受德国伤兵数量的增加，因为这代表战况在朝着有利的方向发展。[83]

伤情需要经过复杂的考量，以平衡手术时间和存活几率。外科医生J.A.罗斯表示："我们最棘手的任务之一，就是对伤员进行分类，并决定他们进手术室的先后顺序。一个腹部受伤的病例需要至少一个小时的手术时间，而这一个小时能为三到四个四肢受伤的人做手术，并且确定能有好的结果。而腹部手术的人存活率大约只有百分之五十。"[84]根据罗斯的算法，一个腹部受伤的伤员在手术时间上等于三个四肢受伤的伤员，而且后者的存活率更高。尽管这种计算貌似冷酷无情，但伤情给医生带来了一系列颇具考验的义务：能治必治，多多益善。另一位外科医生查尔斯·唐纳德表示："这并不是冷酷无情，因为简而言之，我们的目的是救治尽可能多的伤员，而不是以将死之人为先。"[85]

雪上加霜的是，分类的过程有时还会出错。罗斯说，有一个被认为没救的人一直保持着清醒，只要有医生进入术前准备室他都会问："那我怎么办？"当医生不情愿地给他用 X 射线来确认他的不良推断时，却发现他只是皮外伤。出错是所有人最担心的。"我们唯一害怕的是错过紧急病例，为又一个人的死亡背负责任。"护士米列特坦白道。对于失去生殖器或双目失明的人，医生们也会发出对他们进行治疗是否合乎道义的疑问。"我们竭尽全力救治他们到底对不对？"艾利特问道，"有时我们会怀疑。"[86]

当一名士兵接受医疗救治时，他实实在在地变成了自己的伤口。他的身上挂着一个描述伤情的信息标签。如果打了吗啡，时间和剂量便写在他的头上。内科医生用伤口的类型和严重程度对病人进行标注。例如，罗斯用"肢体病例"或"腹部"来指代伤员。沃茨用"腹部病例"来描述他们。[87]另一名士兵的标签是"股骨复合型骨折"[88]。莫斯廷·托马斯给两名德国兵的描述分别是"右胸部受伤"和"胫骨穿透性枪伤"。据麦克布赖德说，头部损伤病房直接被叫作"头"。[89]罗斯这样形容术前准备室的伤员：

> 有些人在昏迷，这些主要是头部损伤，他们响亮的鼾声很容易令人将他们辨别出来。有些人（太多了，多到数不过来）被抬进来的时候已经奄奄一息，他们往往身上多处严重受伤，包括四肢损毁、肠子流出，并且脑髓从支离破碎的头骨往外溢，那是88毫米炮、迫击炮和杀伤性炮弹所致。有些人一动不动地静静躺着，两腿上屈——这是腹部穿透性损伤的表现。有些人坐在担架上被抬进来，一边喘气，一边咳嗽，因为肺部被击穿。[90]

士兵受损的身体，而不是他的人格，成了医务人员唯一关注的焦点。行动能力是主要关注点之一。G.考埃尔的工作是从火车和救护车上卸载伤员，他用"担架病例"或"可行走的伤员"来形容他们。[91]医生则用"坐的""坐姿病例"或"担架"来指代病人。[92]

当"三个可行走的伤员到达后",外科医生斯图尔特·莫森忙活起来,"其中两人受了点皮外伤,但另一个人的手臂遭到了损毁"。他同样用"腹部、头部和大截肢"来指代士兵。[93] 这种对伤者的提喻式想象绝非仅限于战争时期的手术。即使在和平年代,医生接受的培训也告诉他们要和病人保持距离。也就是说,要将病人主要(但非仅仅)当作"病例"来对待。外科医生尤其被教导以专业眼光来看待身体。和将军一样,外科医生把身体抽象化,从而允许自己对士兵动刀。然而区别在于,军队将身体视作致命武力的单位,而皇家陆军医疗队则将其视作医疗评估的对象。

受伤消除了民族差异。伤口的类型多种多样,但遭受同一种伤情的士兵之间却没有本质差别。德国士兵的腹部伤口和英国士兵的腹部伤口大同小异。艾利特记得,士兵的面孔在不断变化,但"悲惨可怕的伤口却始终未变。尽管来自各个部队的士兵戴着不同的肩章,但他们的衣服上都同样沾满了逐渐变干的血,同样被烈性炸药撕扯得千疮百孔"。"他们一批又一批地进来,"麦克布赖德叹息道,"不分昼夜。他们有着不同的面孔,不同的名字,却有着同样可怕的伤口。"麦克布赖德还要烧毁伤员穿的制服。"上面有来之不易的军阶条和王冠,那是自豪的母亲、妻子和女朋友缝上去的;还有象征某部队的跳跃的黑野猪,以及第 21 集团军的红蓝徽章。现在它们都被付之一炬,战地焚化炉冒了一整夜的烟。"[94]

受伤的士兵成了数字。[95] 医务人员的日记被数字填满。担架员 J.A.加勒特记录道,一次空袭给附近的步兵部队造成 12 人受伤,22 人死亡。诺曼底登陆的第二天,考埃尔记述:"这次输送了 150人,90 例担架,包括 6 例死亡,以及 60 例可行走的伤员。"几天后他在日记中写道，他在凌晨 3 点半被带到火车站卸载伤员，"有 180 个病人要处理，其中 140 例担架病例和 40 例可行走的伤员"。（考埃尔的时间表大多涉及深夜的工作，这证实了约翰·索普被告知的情况：在这个时候输送伤员是为了回避公众视野。）"从没见过这种场面，"医疗军官 P.J.克雷明在信中告诉妻子，"伤员大量涌来……64 个，无疑让我整晚都忙得不可开交。"他在 10 月又写信对妻子说，在巴约的时候，他 26 个小时看了 782 个伤员。E.H.P.拉桑医生在诺曼底登陆后不久于日记中写道："我们遭受了巨大伤亡，8 个小时交接了 108 个病例……夜间有大约 165 人接受高级救护所的救治，其中大部分需要外科手术干预。"[96] 外科医生也会记录数据。9 月 13 日在意大利，外科医生乔治·菲格特记得"给 22 个人做手术直到午夜，随后两天又做了 25 例手术"。"手术的工作强度迅速缓和下来。第一个星期我们做了 80 台手术，第二周 24 台，第三周 21 台。"外科医生沃茨在谈及诺曼底战役时这样说。[97]

医务人员计算受伤人数是有充分理由的。陆军医疗勤务队为他们设定了指标。战地急救站每 24 小时要治疗 250 名士兵，外科中心的手术效率要达到每小时一台。[98] 外科医生背负着巨大的压力，他们必须尽可能高效地治疗伤员。当沃茨给一名腿部旧伤感染的德国士兵治疗时，他将其归类为"生病"而非受伤，"只为不破坏我们从受伤到入院这段时间的数据"[99]。外科医生达到指标的需求使一位军医受到启发，创作了一首小调：

> 那段日子我们像奴隶一样工作
>
> 发挥我们的医疗技能
>
> 为历经血雨腥风的身体

修补它的千疮百孔

伤员成群结队地抵达

快送进来！快推出去！是我们的信念

就连最高统帅也坦陈

这种速度前所未见

医生的节奏如此之快

他几乎忙中出错

要把那担架员也开膛破肚

来凑够他的指标人数！[100]

用数字和伤口类型对士兵进行描述，这符合医疗报告的格式。医生需要记录两件事，一是伤口的类型，二是治疗的病例数量。即使在阿纳姆战役的混乱中，G.M.沃里克依然设法出具了报告，他在9月25日为来自第1空降师的大约700名士兵进行了治疗，次日又收治了650人。[101] A.W.李普曼-凯塞尔在阿纳姆极度混乱的医疗点弄丢了他的文件和病例记录。尽管如此，他仍然能记得自己做了7台腹部手术、1台头部手术、2台尿道和膀胱手术、3台胸腔手术、2台颌面手术、14台股骨手术，以及处理了70例"各式各样的骨折和皮肉伤"。[102] S.M.弗雷泽遭德军俘房后被安排照顾英国战俘，他同样记得自己经手的17例截肢、5例腹部伤口、12例股骨骨折，以及7例胫骨和腓骨骨折。[103] 医疗责任以数字的形式呈现。

伤员的量化还能实现另一个目的。医疗人员用数字来强调他们疲惫不堪的状态和对人手的需求。1944年6月9日，当拉桑在日记中描述他的战地急救站在8小时内经手了108个病例时，他是在表达自己彻底力竭的感受。"36小时之内收治了118人，"克拉克在看某天晚上的急救站记录时指出，"到最后，我的双手和衣服都沾满鲜血，变得僵硬。我感到头晕目眩，精疲力竭。"治疗的医学节奏（紧随导致受伤的战斗节奏）断断续续。克雷明从诺曼底的伤员处理站给妻子去信道，他要么在"无所事事"，要么在"争分夺秒"。[104]士兵会有很长的间歇进行休整，为战斗做准备。然而战斗一旦打响，医务人员很快便应接不暇。[105]受伤的人数之多需要你倾尽所能——甚至更多。

一个士兵的伤加速了他周围的世界。要和时间赛跑，要和失血赛跑，要和细菌赛跑，还要和其他人的迫切需求赛跑。伤员对水、血浆、吗啡、手术刀的需求将你消耗殆尽。"处理所有这些病例的唯一办法就是不停地工作，直到再也无法继续，我们必须抽身去休息和睡几个小时，"艾利特回忆道，"我们很累，极度疲乏，因为日子一天天过去，术前准备室却永远人满为患。"克拉克形容战斗结束后的24小时是"一场繁重而疲惫的医疗工作，输血、包扎、评估休克程度……我睡醒后又开始埋头苦干。逐渐地，情况才会缓和下来"。罗斯回忆道："我艰难地按名单进行治疗，自始至终机械般地忙碌着，就像拳击手倒地进入读秒后却再次站起来，不自觉地继续比赛。"D.G.艾特肯见到其他军医"看上去非常疲惫和痛苦，我感觉我们所有人都老了将近40岁"。"这就像一场噩梦，"米列特在日记中写道，"我不断对自己说'不能再这样下去了'。所有过道都摆满了担架，还有阳台和二楼、三楼的所有小房间。"麦克布赖德回想起有一天，病房被伤员挤得水泄不通，担架之间连落脚的地方都没有。之后还有令人作呕的任务，莫里斯写道，要"清理满是血污的手术室"，还要"把截下来的腿搬到焚化炉，看着它们被彻底烧成灰烬"。[106]

睡眠是奢侈的。"那纯粹是一种动物般的生存状态，"外科医生罗斯表示，"工作，睡觉，再工作。我感觉自己随时都能上床睡上一觉——在这种情况下，睡眠比食物和水更加珍贵。"艾利特会不停地工作17小时，接着赶紧"疲惫地小睡一会儿"，然后再工作17小时。这种状态会持续几个昼夜。当医生们终于有机会睡觉时，他们常常累得脱不掉衣服。有一天，外科医生菲格特意识到，他在北非的几个星期一直没有脱过制服。在阿纳姆战役期间，内科医生沃里克记述道："军医和护理员几乎连站都站不稳，但还在继续工作。"同样在阿纳姆，还穿着靴子的莫森在坚硬的地板上一会儿就睡着了。罗斯和他的麻醉师是站着入睡的。[107]

在意大利的山地战役中照顾伤员尤为困难。军医 E.格雷·特纳抱怨，他们"生活在海拔 3 000 英尺的地下洞穴里"。他声称，这导致"(1)疲惫不堪；(2)面临危险；(3)神经压力"[108]。将伤员沿着崎岖的地形撤离，而且常常在寒冷的雨天，这让担架员耗尽了所有力量。在卡西诺山战役中，军医们连续工作了 72 小时。"到最后，他们像机器人一样忙碌着，"一位目击者称，"他们的四肢仅仅靠一种坚不可摧的责任感在行动。"一名二等兵帮忙抬一位负伤的军官下山，这个任务耗费了 16 个小时。到达高级救护站后，那名二等兵倒地身亡，时年 42 岁。[109]

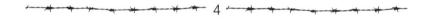

4

毫无疑问，外科医生和士兵的伤口有着最深切、最紧密的联系。只有外科医生才能在士兵的身上动刀，只有他能经由追踪伤道在士兵体内的轨迹来全面评估身体的受损程度。外科医生分为两种：战地的和后方的。战地外科医生在紧挨前线的地方治疗伤员，他们的宗旨是挽救生命。后方外科医生有的在离前线数英里之外，有的则身在伦敦。他们的任务是给接受了初步战地手术后仍需进一步开刀治疗的伤员做手术。后方外科医生抱怨战地手术过于仓促，许多伤员的伤口没有缝合就被送到后方医院治疗。[110]战地外科医生则表示，他们应该庆幸那些士兵还活着。

随着越来越具杀伤力的爆炸物被投入战场，伤口的本质和严重性也随之改变。相比于子弹在人体中所制造的小孔，炮弹碎片留下的却是大片锯齿状伤口。它将人体组织撕裂成不规则形状，还将衣服的小碎片、尘土和其他外来物带入伤口内部，从而造成了更大的感染风险。[111]战地医院的手术报告，包括病例研究和最新方案，主导了战争期间的英国医学期刊。它们共同证实了新型武器对人体产生的可怕影响。

新型伤口给战地外科医生带来了新的挑战，同时也带来了新的机遇。一方面，他们在前线目睹了战争的肮脏和苦难，被迫工作到力竭。另一方面，治疗大量伤员让他们能收集伤情的研究资料，其中的一些可以被用来增进学识，并促进自身的职业发展。有些外科医生和阿奇博尔德·斯图尔特上尉一样，随身带一个小笔记本，记录包括输血、手术和药物在内的"值得关注的病例"资料。[112]

对外科医生而言，伤口首先是需要进行医学解释的对象。只有外科医生的眼睛才能全面破译伤口，揭开它的真相——它造成的破坏和治愈的几率。为此，外科医生要全面检视伤口，在手术灯下开刀并插入牵开器。[113]他的目的是弄清外来物体在士兵体内的运动轨迹以及它所造成的破坏。外科医生会用书写游记的方式来描写这段轨迹。我们会知道外来物体从哪里进入，它在身体里的运动方向，以及它在哪里停住或从哪里出来。"炮弹碎片的轨迹似乎先向上再向外，从颈部左侧胸锁乳突肌的上三分之二和下三分之一的交界处进入。"外科医生 B.里斯在《战争医学公报》上讲述道，接着他就组织受损的情况描述了伤道轨迹造成的影响，"碎片使甲状软骨左上角骨折，并从左喉上神经外支和左喉返神经之间穿过"。[114]

伤口具有蒙蔽性。菲格特描述了在阿纳姆战役中受伤的一名士兵："他的衬衫被掀起来，露出主要弹片进入身体时产生的血迹斑斑的小裂口。伤口也暴露出来，那是腹部皮肤上一个微微渗着血的红色小圆圈——非常小，但潜藏着致命的可能。"[115]尽管这个伤口看上去很不起眼，实际却充满危险。这些"致命可能性"的最坏结果就是感染。感染之后，身体会把自己当作敌人，侵蚀自身的皮肉，导致它发臭腐烂。外科手术的每个层面都致力于用不同的办法防止伤口感染。在气性坏疽的病例中，感染会导致四肢截肢。在败血症的情况下，感染会导致死亡。而当时，几乎没有对抗感染的方法。1942 年，医生开始使用青霉素。但它的生产量不足以挽救成千上万需要它的伤员。[116]直到第二次世界大战结束，在这场漫长而艰难的战斗中，一直是杀菌效果远不及青霉素的磺胺类药物在发挥主要作用。

医生的目的是让伤口再生。麦克布赖德护士解释了其中的道理："把炮弹爆炸造成的肮脏而混乱的部位打扫干净，让伤口剩余的组织能得到修复。"[117]外科医生用手术刀切除损坏的皮肉。[118]撕裂的皮肉是细菌的养料。罗斯描述了清创术的过程："在泥泞、多雨、陡峭如地狱的山间，这些英勇的士兵艰难地向罗马推进。我们用手术刀和剪刀打开他们被钢铁和炸弹撕裂的参差不齐的伤口，修剪它们的边缘，清除所有坏死的组织。"[119]清创术有时也被称作"创伤修整"，它将战争从伤口抹除。[120]外科医生无法打通去往罗马的道路，但他能对伤口的内部路径"进行拓宽，从而避免后续的围追堵截"[121]。要将感染从身体中驱除，你必须让它无处躲藏。"所有脓液可能藏身的隐匿之处都被摊开。"另一名外科医生表示。[122]被子弹或碎片的力量带入体内的外来物也被切除。它们包括尘土和制服碎片，还有皮革和牛津带装备的碎片，甚至还有士兵制服口袋里的物品。[123]必须从内到外地进行清除。最后，外科医生在伤口撒上"一层厚厚的糖霜"或"白霜"，那是磺胺类药物，就像保护伤口的一层雪。[124]

伤口愈合之后，医生们可以宣告进展。他们将伤口谱写成自己拯救生命的英雄事迹，新型药物和手术在故事中发挥了重要作用。[125]战时的医疗日志充满了这种叙事。没有外科医生愿意承认，这么做是为了提高自己的声誉。然而，报告"有价值的病例"往往带有追求名利的意味。"在治疗战伤的过程中，我从人体内移除了许多大型投射物。"外科医生理查德·查尔斯用一种近乎夸耀的语气告诉读者，他还展示了自己处理弹片伤的技术。类似于伤员对受伤过程的叙述，医务人员的叙事同样以惨烈的场景开始，然后走向复原。据查尔斯所言，一位被击落的英国皇家空军飞行员到达医院的时候"处于极度惊吓的状态，他焦躁不安，十分痛苦，面色发绀，呼吸困难"。一大块弹片卡在他的第八根肋骨里。查尔斯用两次手术挽救了他的生命,一次是取出弹片,一次是"在各个层面为整个碎片的伤口"进行清创。故事以胜利告终,那名飞行员写信告诉查尔斯,他"身体健康",并且返回了驾驶舱。[126]同样在《英国医学杂志》上,外科医生唐纳德庆幸自己发明了一种测试腹部伤口严重程度的方法。这个"由我在沙漠战役中采用的技术被定名为'唐纳德探查术',这虽然不算生硬,但也没那么好听"[127]。

查尔斯和唐纳德用这种汇报战伤的方式将伤口据为己有,而承受这些战伤的士兵不过是外科医生个人成就的标志。战时的医学期刊是伤口的资料库,现在被外科医生用来展示自己的技能。并不是所有人都对此买账。"刚刚在《英国医学杂志》上看了一篇愚蠢至极的文章。"军医 R.巴雷尔在给妻子的信中抱怨,"文章提出,每次输血前后都应该评估失血量和血红素!我倒想看看,那晚当我在马棚里给四个人输血还不断有重伤的人被送到的时候,这个作者会怎么做!"[128]

和军队本身一样,医疗勤务也分前线和后方。类似于战壕足的情况,后方细致的医疗方案在前线万分危急的情形下无法一一遵循,二者之间因而产生裂痕。"这种粗犷的工作跟远在英国的医院里精心策划的手术相比可不是千差万别么!"罗斯评论道。尽管战地外科医生同样心怀抱负,但这种抱负在目睹战争的苦难后被消磨。艾利特说:"我们又一次审视了身体支离破碎的场景——溢出的肠子、炸断的四肢、突出的断骨和毁容的面孔。"这种景象提醒医生,士兵的伤口不为他们所有。"最让我感到焦虑的是伤员承受的痛苦。"特纳在日记中倾诉。借用罗斯所言:"你原本应该开始接触现代外科手术的技术细节,却被局限在移除弹片、切除伤口和清洁伤口等单调乏味的重复动作中，一种大好年华被浪费的感觉令你心灰意懒。可一见到这些遍体鳞伤的士兵，所有的消沉立刻一扫而空。"[129]

正如1914年至1918年的第一次世界大战，受伤的身体代表了战争的恐怖。伤口是战争的本质，却也是它最大的秘密。除了作战的士兵之外，只有担架员、救护车司机、医护兵和战地外科医生了解笼罩在战场上的悲惨、苦难和死亡的全部真相。火炮能在瞬间将你的身体毁坏得面目全非。罗斯曾描述一个受伤的士兵是"流着鲜血的没有腿的可怕碎片……一块骇人的残肉"[130]。救护车司机吉姆·怀斯维尔如是记录了他在救护小组的一天：

> 我们不停地干活，不停地输送伤员，却仍旧没个尽头。你能看到各种各样不同程度的可怕伤口。有的头部遭受重创，头骨、脑髓和枕头几乎难以区分；有的脸部严重撕裂；有的下巴被全部炸毁，只剩一双悲惨的眼睛祈求能缓解痛苦。有的人胸腔被飞溅的弹片刺穿，有的人肺部的裂口喷涌着鲜血。有的人手臂严重损毁变形，只剩残肢挂在肌肉上等待截肢。有的人腹部被弹片刺穿，露出盘绕的肠子，十分致命。有的人屁股皮开肉绽，其中不乏导致瘫痪的脊柱损伤。但最惨烈的是腿伤——碎裂的大腿骨，没有膝盖骨的膝盖，失去脚的腿，血肉模糊的残肢和布满鲜血的担架。[131]

主要是为了维持士气，这些骇人场景被置于远离公众之处。伤口是战争肮脏的秘密。

皇家陆军医疗队从两方面遵守了这种隐瞒原则。一方面，他们将伤员从前线撤离，并把他们安置在外科中心、医院和康复机构，在这些地方，他们只能看见彼此，以及对他们进行治疗的医护兵、医生和护士。正如约翰·索普和G.考埃尔发现的那样，伤员接着在"夜深人静"的时候被送往伦敦的医院。另一方面，治疗本身的目的是对伤口进行缝合或复位，最终消除它们的痕迹。士兵通过物理治疗学会重新走路或活动四肢。整形外科医生为遭受下颌、鼻子或眼部创伤的面孔进行重塑。伤疤得以最小化。等到伤员和家人团聚的时候，他们已经被干净地包扎好，没有那么痛苦了。

受伤能带来一些安慰。在皇家陆军医疗队的各个层面，医务人员都会竭尽全力为伤员减轻痛苦。巴雷尔给妻子去信道："一定要让那些伤员舒服一些，这一点再怎么强调也不过分。"吗啡和麻醉剂被视作天赐之物。艾利特记得，只有对伤员进行麻醉后才能给他脱衣服，因为"在他清醒的时候这么做会使他痛苦至极"。麦克布赖德详细描述了她和另一名护士照料一位伤员的过程。在小心地为他褪去衣服之后，她们将他转到没有受伤的一侧，轻轻为他打上肥皂擦洗后背。接着她们给他穿上干净的睡衣，把他转到了另一侧。"现在动作要快，因为他正压在那条受伤的腿上。"她们把他身下的脏毛毯扯下来换上干净的。"然后我们为他清理舌苔和干燥起皮的嘴唇，好让他能尝到水的甘甜。我们为他梳理了布满灰尘的头发……给他注射了一针青霉素，让他重新进入恢复性睡眠。我们花了40分钟才让一个伤员舒服一些。"[132]

或许最重要的是，伤口能带来新生。戴维·霍尔布鲁克讲述了一个名叫保罗的士兵的故事。受了轻伤的保罗在医院接受治疗，他看见对面的少兵背部多处受伤。保护伤口的敷料一片狼藉——"大片干燥的血块和脓，有些地方已经发绿"——护士推迟了换药时间。保罗决定自己帮他换。当"那肮脏的一堆掉落在地后……展现在眼前的是奇迹般愈合的白肉，这个生物依靠自己的力量再次变得完整"。在这个罕见的亲密时刻，保罗凝视着士兵的身体，"多么令人惊叹，就像以自己的生命力自行生长组织的美妙野花"[133]。在士兵背部的肮脏之下，新生的白肉显露出来。愈合的过程中，伤口激发了身体自行恢复完整的神秘力量。

第五章 尸体

　　研究死尸的历史是病态的吗？ 历史学者大多回避了这一议题，仿佛尸体超越了时间和空间，甚至超越了生命本身。[1]伴随着恶臭和腐烂，人类尸体唤起了人们的嫌恶和恐惧，它迫使我们移开目光。然而，尸体是理解第二次世界大战的核心。这是一场关于英雄气概的战争，没错，但它根本上是一场关于死亡的战争。战争的牺牲是通过尸体来衡量的。我们的胜利既包括获得的领土，也包括失去的生命。

　　那些饿死的尸体、烧焦的尸体、在波兰和德国的灭绝营里据说"像木材一样堆叠"的尸体——这些尸体代表了这场战争中特有的暴行，包括纳粹政权的疯狂，以及现代机械化战争对人类的自我毁灭。[2]战争结束后，在达豪和奥尔德鲁夫等地，德国平民被迫在尸体前游行，让他们认清自己参与种族灭绝的事实（见图5.1）。尸体承载着德国人的耻辱。

　　尸体或许会引发反感，但它同样引人注目（见图5.2）。"遇到尸体后，你想要盯着它看，"一名美国海军中尉写道，"但你又觉得盯着看很无礼。""我的目光难以抗拒地被它们吸引，"查尔斯·B.麦克唐纳回忆道，"但我强迫自己转过身去。"尸体成了病态迷恋的对

图 5.1　奥尔德鲁夫的德国平民被迫围观尸体

图 5.2　死去的德国士兵

象。"许多士兵特意跑去看那些尸体，他们被一种可怕的魔力所吸引。"雷蒙德·甘特说。[3]是什么让尸体如此难以抗拒？　也许是因为它暂停了我们的空间感，扰乱了此处和无处之间的关系。士兵的尸体代表了一个人，但这个人已经不复存在。他既在那里，又不在那里，也不在其他任何地方。[4]托马斯·W.拉克尔称："即使我们认为身体遗骸本质上毫无意义，但我们相信它有着某种气场。即便我们声称死者已经不复存在，但我们又表现得仿佛他们存在于某个地方。"[5]

恶臭是尸体最大的特征，那是一种浓烈、恶心的腐烂气味。尽管这种臭气已经司空见惯，但它每次都会令人反感。尸体暴露了隐藏在生命中的断层线，分隔了主体和客体、肉体和"灵魂"。他是没有知觉、意志或作用的肉体。[6]士兵的尸体拒绝成为一个"物体"，但也并不能被称为一个人。尸体在士兵死去之后遗留下来，那是他们曾经的身份，但又与之毫不相关。就其本身而言，尸体代表了活跃、阳刚的男子气概的反面。它提醒着士兵，他们多么轻易就会失去所有的刚毅和掌控力。

作为一种缺乏实质的存在和不幸的象征，尸体吸引了所有参与战争的人的注意力——军官、掘墓人、平民、步兵和悲痛的家庭。尽管军队不遗余力地将尸体从人们的视线中抹去，试图否认它的存在，但这场战争的参与者依旧是它的目击者。他们的日记、回忆录和信件表明了他们对尸体的关注——它在战场上的位置、它破碎的四肢，以及它死去时的尊严（或没有尊严）。当看到一个士兵的尸体或闻到它的恶臭时，这些目击者都会感到厌恶。然而，遇见尸体的惊恐也让他们不由得对其进行观察和记录，并在脑海中回想它的样子。[7]由此，关于尸体的证据随处可见，且有重要的意义。经由这种见证，尸体不仅标志着战争造成的影响，它还代表了战争本身。它成了理解这场战争的框架。

为了理解尸体所承载的复杂的象征性，让我们看看两名指挥官对法莱斯保卫战中同一场人类屠杀分别有着怎样的看法。时间是1944年，地点是法国诺曼底。在卡昂南部的法莱斯，拥有大约5万兵力的德国第7集团军被盟军包围，成千上万名德国士兵当场阵亡。这里我们首先来看盟军总司令德怀特·D.艾森豪威尔对法莱斯的死亡场面作何感想：

> 法莱斯战场无疑是所有战区中规模最大的"杀戮之地"。马路、公路和田间野外被毁坏的装备和死去的士兵堵得水泄不通，要从这片区域通过简直难比登天。填补法莱斯缺口的48小时后，我是步行穿过那里的，所见的场景只能用但丁笔下的地狱来形容。毫不夸张地说，方圆数百米内的落脚之处，除了死亡腐败的肉体，别无他物。[8]

对艾森豪威尔而言，这一场景有种令人毛骨悚然的但丁风格。但对于尸体本身，他主要从战略角度来看待。尸体制造了战略难题，因为它阻碍了军队的通道。死尸堵住了马路和公路，落脚之处无一不是尸体。艾森豪威尔对尸体的观点也是他对战争的观点——它们是向柏林和胜利前进的过程中需要克服的一系列障碍。

德国陆军军士长汉斯·埃里克·布朗的言辞则与艾森豪威尔对尸体的战略眼光形成了鲜明对比，他同样目睹了这场屠杀：

> 爆炸声不绝于耳——许多士兵朝我们挥手，乞求援助；死去的人面容扭曲，看起来依旧痛苦不堪；一个士兵跌跌撞撞地走着，手里托着从腹部流出的肠子……然而，还有躺在路边的平民，身上满是他们的个人物品……至死还紧抓着不放。在一个交叉路口附近，躺着一群遭遇炮火的男人、女人和小孩。他们破碎

的眼睛发出的凝视目光和因为痛苦而扭曲的面庞让人难以忘怀。[9]

死亡显示了战争制造的混乱。德国士兵的身体和德国军队一样，遭到了活体解剖，内脏溢出了体外。布朗的描述既是一种哀叹，也是一种谴责。他把这场战役表现成了对无辜者的屠杀。通过关注平民，他的眼睛能够勾勒出一场暴行。带着破碎的眼睛和至死都要对个人物品紧抓不放的惨烈，法国平民的尸体将德军的失败演变成了一宗战争罪行。在布朗看来，法国人的尸体清楚地表明，盟军进行了一场惨无人道的战争。

死人被用来做了活人的事——谴责敌人，叹息失败。这种让死人**说话**的人类倾向值得历史学者予以关注，因为尸体通过发声让我们了解到战争对那些奔赴战场的人意味着什么。那么，让我们来探究一下，对于参与战争的美国军官、掘墓者、法国平民以及最后同样重要的美国士兵而言，尸体在战争中究竟有何象征意义。

1

我们从坟墓登记处开始，这是美国官方的军事组织，负责辨认和埋葬死亡的士兵。坟墓登记制最初由法国在第一次世界大战中实行。在此前的美国战争中，例如美国内战，埋葬死亡士兵的任务主要由幸存士兵承担。[10]由于现代工业化战争极大地增加了死亡规模，这一做法在第一次世界大战期间发生了变化。与此同时，进入20世纪后，人们一直希望死去的士兵能得到体面的安葬。[11]怀着这个目标，坟墓登记部门在战争结束后将233 181具遗体送回美国安葬，另外 93 242 具遗体留在了美国的海外墓地。[12]

从本质上说，坟墓登记处挣扎在现代美国战争的悖论中。也就是说，战争以个人自由的名义进行，但却制造了一种规模上越来越没有人情味的死亡方式。因此，坟墓登记处主要将死亡士兵视作后勤运输问题。尽管在高度机械化的机动作战背景下行事，但他们声称是以个人为单位在处理尸体。有德国士兵的集体坟墓，但没有美国士兵的集体坟墓。每个士兵都被单独埋葬，即使连他们的名字也不知道。[13]第二次世界大战结束时，人们竭尽全力为大约 15 万具尸体确认身份，他们的名字此前一直不为人知。[14]

军方有意给"坟墓登记处"取了这个相对温和的名字。这个组织成立的时候，一位助理参谋长提出"太平间服务处"这个名称。其他人则坚持使用"坟墓登记"，因为"对公众来说，'坟墓'一词听上去远远没有'太平间'让人反感，何况后者给人一种阴森的感觉"[15]。

尽管进行了周密的计划，但 1944 年 6 月被派往诺曼底的坟墓登记部队很快就变得不堪重负。[16]美国军方显然严重低估了这次进攻将造成的死亡。[17]那些在战斗中牺牲的士兵在人员名单上被登记为"死账"。[18]6 月 6 日登陆开始的数小时后，坟墓登记部队开始抵达。他们在奥马哈海滩看到的场景跟呈现在美国公众面前的画面截然不同（见图 5.3）。海滩上散落着数千具尸体。数量如此庞大的尸体阻塞了港口和海滩，让军队和物资无法前进。最开始，由于海滩不安全而无法埋葬尸体。[19]因为所有美国士兵在战争结束后才能返回国内，所以死者不得不被埋在附近的田野里。英国士兵的尸体被埋葬在"盟军地块"，德军的尸体则被埋在"敌军地块"。[20]坟墓登记部队最先在布洛斯维尔和滨海圣洛朗展开任务。[21]由于棺材过于笨重不宜送往战场，死者被包裹在白色床套或毯子里。[22]有些人被埋葬的时候赤裸着身体，还有的人身上穿着制服。[23]

图5.3　奥马哈海滩的死者，美国国家档案

　　如此多的尸体引发了生者对健康的迫切关注。庞大的数量同样令坟墓登记部队无法实现让尸体消失匿迹的目标。当军官们在诺曼底登陆次日带领士兵上岸时，他们命令士兵保持低头的姿势，这不是为了让他们躲避子弹，而是为了防止他们看见这么多尸体。[24]坟墓登记部队的二等兵汤姆·道林被奥马哈海滩的死亡场景惊得目瞪口呆。但中士的大吼让他从震惊中回过神来，"每天都会有大批新的士兵涌向这里，在海滩登陆后继续前进。我们一定不能让他们看见这些尸体。前进的时候少不了这些场面，到时候够他们看的"[25]。一名坟墓登记处的指挥官写道："每天都有上校来催我们把尸体埋掉。把它们埋掉！'不管你们用什么办法，赶快把它们埋掉！'"[26]

道林和他的坟墓登记队伍竭尽所能"转移"海滩上的尸体。他们用和卫生相关的措辞来描述工作，例如"清除""清理"或"打扫"尸横遍野的战场。一名指挥官表示："我们的任务是清除战场上的所有死者，把他们抬走或者从地下挖出来，然后将所有遗体运送至最近的美国军人墓地。"[27]当雷蒙德·甘特在登陆数周后来到奥马哈海滩时，他注意到"有人努力打扫过这里，让它获得某种秩序"[28]。同样，坟墓被布置成了完全对称的图案，正如你现在在滨海圣洛朗看到的那样（见图 5.4）。[29]整齐的线条和干净的几何形状暗示，战争的混乱只是暂时的，世界可以而且终将再次回归正轨。[30]战争过后，《周六晚报》的一片文章提出了这样的疑问："我们应该将二战英魂接回国吗？"。布雷克·埃尔利让美国公众放心，海外的墓地"看上去非常美……去过那里的人都赞叹不已"[31]。作为爱国主义的象征，那些埋葬在战争墓地的死者被迫继续为国家服务。[32]我们已经看到，受伤消除了民族之间的差异，所有伤者都会得到医务人员一视同仁的治疗。但死亡却将这种差异再次显现，尸体成了民族牺牲的标志。

图 5.4　法国诺曼底的滨海圣洛朗墓地

士兵的尸体被隐藏于美国公众的视线之外。只有当官方认为有必要为战争债券筹集资金时，才会允许记者将照片出版发行。[33]战争过后，逝者家属可以选择将亲人永久葬于海外，或者将他们的遗体带回国。即使在逝者的遗体和家人团聚的时刻，却仍然会有一名军事警卫陪在棺材旁，防止家属看到遗体。有时，警卫不得不强行阻止逝者亲属试图打开棺木的举动。[34]

2

虽然家属看不到也触碰不了亲人的遗体，但他们能拥有属于他的所谓的"个人财物"或"私人物品"——在他身上找到的手表、现金、照片和纪念品。这些物品是在遗体埋葬地附近的收集点从士兵身上取下来的（见图5.5）。当士兵的个人财物被送到家人手里时，它们再次将他变成了缺席的存在，家人只能通过他的个人财产来得到他。为了保护这些"个人财物"，它们被送至设立在堪萨斯城的一家个人财物办事处，这座城市拥有便利的铁路网。数以百万计的物品在堪萨斯城被列入清单后按流程进行处理。工作人员利用商标名称来确认士兵的财产：朗森镀铬打火机、派克和犀飞利钢笔、雷莫手表、埃尔金怀表、牛津机械铅笔和伯吉斯手电筒。[35]悲痛的亲属会收到一个包裹和一份清单。举例而言，多米尼克·焦维纳佐的妻子收到了以下物品：钱包、皮质烟盒、小折刀、昂克钢笔、牛津机械铅笔、木质烟盒、烟斗、纪念品票据、14K婚戒、纪念戒指、圣卡、宗教奖章、念珠、地址簿、照片、社会保障卡、驾驶执照（见图5.6）。[36]

图 5.5 "在战场上收集个人物品",
爱德华·斯蒂尔,《二战中的坟墓登记处》

图 5.6 "经由堪萨斯城送回家的贵重物品",爱德华·斯蒂尔,
《二战中的坟墓登记处》

前线步兵的物品远不及在基地工作的士兵的物品多。"步兵死后没有多少东西能送回家。"一个士兵看着朋友留下的"少得可怜的一点私人物品"说道。[37]类似意大利里拉和浮雕贝壳之类的纪

念品则区分了在不同战场参战的士兵。在堪萨斯城，外国货币会被兑换成美元，脏衣服上的泥土和血渍会被清除。但仍然有其他物品被认为太过污秽或血迹太重而不能送回家。罗伯特·D.凯利特中尉的个人物品中包括"一封被水浸湿的信件，脏到可怕"，因而没有被纳入送回家的物品之列。[38]据一份官方手册规定，同样被移除的，还包括"有损于所有者的人品"或者"不利于所有者或士兵的名誉"的物品。[39]换言之，色情物品或者任何可能令家属感到不安的东西都要去掉。或许出于安全考虑，胶卷也要从个人物品中移除。[40]

家属要等待数月才能收到亲人的个人物品。伊莱恩·扎特科夫人的丈夫乔治于1944年11月29日阵亡。她在5月底向个人财物办事处去信道："6个月过去了，我以为6个月前就能收到他的东西……我每天都在耐心等待，因为它们无疑是我们对他仅有的怀念了。"迪基·克雷默的母亲珀尔在他死后将近一年才收到他的派克钢笔和两枚硬币。当她抱怨竟然等了这么久时，她收到了军需处的一封流于形式的信函。个人物品的价值在于它的情感意义，而不在于金钱价值。当军方写信给吉尔伯特·史密斯的妻子比拉，询问她是否还想要一把生锈的小折刀和一支坏掉的钢笔时，她坚持表示自己想要。收到这些物品后，她给军需处去信道："毫无疑问，这些和其他许多东西一样，在你们眼里不过是物品而已。可对我来说，它意味着我的爱人真的已经离开我们了。"收到士兵的物品成了他离开人世最后的证明。家属同样渴望了解士兵死亡的具体情况，即使是细枝末节的信息。阿诺德·施玛德的父亲写道："我现在想知道，他临终前有没有留下遗言。如果有，请告诉我。""有什么地方能让我写信询问我丈夫牺牲时的目击者证词吗？"欧内斯特·舒尔茨的妻子问，"我非常渴望了解我亲爱的丈夫牺牲时的任何细节。"[41]

当个人物品终于被送回家时，它们可能令人失望。死亡士兵的物品失窃现象很常见，在战场上和埋葬的过程中都会发生。[42]小偷可能是德国人，也可能是美国人。[43]家属们难过地抱怨，手表、照相机、戒指和钱包都没有被送回家。尤金·菲德勒的儿子埃尔默·菲德勒于 1944 年 11 月 4 日牺牲。他写信向个人财物办事处抱怨，称他只收到了一本《旧约》和一枚纪念戒指。他儿子装钱和照片的皮夹哪儿去了？ 詹姆斯·库尔茨的母亲在儿子于 1945 年 5 月牺牲的两年后写信道："如果能收到我儿子所有的个人物品，我会感到莫大的安慰。但我只收到了几件，我相信还有很多仍然在美国政府的仓库里。""我收到的只有一颗小石头和一串念珠，仅此而已。"吉尔伯特·欣里希斯的母亲莉莉娅姆·佩克埋怨道。吉尔伯特于 1945 年 1 月 23 日牺牲。"他有很多我寄给他的东西，本来他回来的时候都会带回来的。"个人财物办事处只能遗憾地表示："这里没有收到更多物品，您儿子的财物清单上没有其他东西，其他的物品显然是没有找到。"[44]

将士兵的财物整理有序是一种尊重的表现，但对物品进行清洁却奇怪地让它们失去了人情味。我们来看看记者厄尼·派尔是怎么做的。在奥马哈海滩停止战斗的几天之后，派尔有了去海滩看一看的想法。这个时候，尸体已经被清除。剩下的，他指出："是一些牙刷和剃须刀，以及仰面落在沙滩上的全家福照片。还有皮夹、金属透镜、多余的裤子和被遗弃的血迹斑斑的鞋子。我捡起一本写有一个士兵姓名的袖珍《圣经》，把它放进了夹克衫里。我揣着它大约走了半英里，接着又把它放回了海滩上。我也不知道自己为什么这么做。"[45]不同于坟墓登记处的个人财物，这些物品能够为前主人有尊严地保留他们的痕迹。派尔感受到了那本《圣经》持有者的强大影响力，因而在不自知的情况下觉得必须将它归还。在他眼里，那些外套和鞋子是士兵们为了存活而匆忙抛下的心爱之物。通过将它们保持完整、给予它们尊重的举动，派尔也对它们的主人做了相同的事。相比之下，个人财物办事处则从文本术语的角度看待牙刷和照片等物品——将其视作缺失主体的财物。

3

军方高层对坟墓登记处感到担忧。在诺曼底战役期间，该机构因无法埋葬众多尸体而招致了许多批判。罗伯特·麦高恩·利特尔约翰自1945年开始指挥坟墓登记处，利特尔约翰形容他们缺乏训练或毫无经验。在一份战后报告中，他竭力主张引入"在平民生活中从事殡葬行业并熟悉业务的关键人物"来改善体制。[46]尽管坟墓登记部队在美军穿越法国北部的过程中能力有所提升，但收集尸体的困难依旧存在。以下是官方军事历史学家爱德华·斯蒂尔对突出部战役中的死者的看法：

> 在突破阿登高地和盟军反击的过程中，转移尸体出现了新的困难。尽管伤亡人数显著增加，但前线和比利时之间距离的缩短抵消了收集点的额外负担。然而，随着盟军进行反击并消灭敌人的突出部，转移的距离也变得更远。除此之外，厚厚的积雪阻碍了搜集工作。在德军前进期间被抛下的许多士兵遗体只有在

雪融化之后才能找回。一支由两个坟墓登记排组成的队伍被派往那里清理遗体。[47]

对斯蒂尔而言，尸体成了劳动力的计算因素，尸体的数量和从死亡地点到埋葬地点的转移距离决定着劳动效率的高低。这种计算要考虑几个可变因素，包括前线的动向、战场和墓地的地形、尸体的相对集中程度，以及天气。夏天的尸体会更快地膨胀腐烂。有时，坟墓登记队员必须把膝盖放在尸体的背部施压，从而排出内部的气体。冬天的尸体会冻住，但积雪使转移工作变得困难。[48]因此，对坟墓登记的规划者而言，处理尸体是繁重多变的工作。它和战争一样，带来了出乎意料的挑战。

坟墓登记部队是真正负责搬运尸体和挖掘坟墓的群体，他们也将尸体视作令人厌恶的后勤运输劳动。第603坟墓登记连的一名士兵记得，1944年的6月9日是这样的："尸体堆积如山，有人提出用推土机最合适。于是找来一辆推土机开始挖地，但并不奏效。我们不得不把坑填上，重新一个一个地开始单独挖墓。"[49]然而对挖墓者来说，尸体最重要的特质是它碎裂和腐烂的程度。同样至关重要的还有尸体的"可还原"度，借用斯蒂尔的话就是，"战地人员转移尸体的可操作性"[50]。简而言之，一具"可还原"的尸体能够被捡起和搬运。有些尸体不满足这些条件。"能捡起来的尸体，"一名挖墓者说，"第一具是一个面朝下躺着的美国士兵，他的后脑勺被子弹射中。第二具是一个德国士兵，他是坐在散兵坑里死的。第三具尸体我们无法捡起来，他是被地雷炸死的。"[51]

坟墓登记是一份苦差事。"不是什么好活。"拉尔夫·斯盖普斯说。[52]这份工作也存在危险性。德国人经常在发现美国士兵尸体的地方设置地雷，或者直接在尸体身上藏诡雷。为了躲避爆炸，坟墓登记部队按指示要用至少 60 米长的绳子转移尸体。美国士兵的"身份识别牌"也可能被德军连上手榴弹，一旦从身上扯下便会引发爆炸。坟墓登记部队的高层认为这些做法"令人作呕"。"我们厌恶这种卑鄙的伎俩。"坟墓登记处的士兵约瑟夫·沙莫表示。[53]处理尸体已经够难的了，士兵们还经常一边干活一边呕吐。他们用抽烟——甚至一次抽两根烟——的办法来应对腐肉散发的恶臭。许多人为了能干完活而把自己灌醉[54]，还有人设法把自己的感受封闭起来。正如罗斯科·布伦特所说："当我们麻木地干活时，精神的感知完全关闭。我们只懂得找到尸体，装上车，再把它们处理掉。"[55]

尽管坟墓登记的工作至关重要，但它却被污名化。只有那些在收集点工作的人会招人羡慕，用一名挖墓者的话说，因为收集个人物品"才是这份工作富有魅力和令人激动的部分"[56]。对坟墓登记工作的消极态度有两个原因。其一，非裔美国士兵在坟墓登记部队中占很大比例。在战争期间，挖掘坟墓属于分配给黑人的典型的低级非战斗任务。[57]而且，坟墓登记被视为黑人的工作后，白人便不愿参与其中。[58]其二，坟墓登记部队不能参与战斗。只能和战争的"弃物"打交道让他们觉得人格受辱。

坟墓登记部队的士兵透过尸体看到了自身地位的低下。当汤姆·道林的连队穿越海峡前往诺曼底时，他们看见了第一具漂浮而过的尸体。"驳船上的所有人都望向那具尸体。他们头盔下的目光显得恐惧又厌恶，看着尸体的双臂和双腿整齐地上下波动，大大的躯干就像一块软木，四肢如同四个角落的线一样悠悠晃晃。"[59]
道林用类似的语言描述了自己挖掘坟墓的工作："最初两个月，我们所有人都很少说话。我们就像机器人一样做着自己难以理解的工作。"[60]和那些死去的士兵一样，道林的士兵就像哑巴和机器人。尸体以这种方式呈现了他们自身作为士兵的卑贱。

— · — · — · — · — · — · — · — 4 — · — · — · — · — · — · — · —

尽管坟墓登记处不遗余力地将尸体从人们的视线中清除，但在1944年夏天的诺曼底，它们仍旧随处可见。法国百姓在路上，在田间，在他们的前院，都会遇到死人。当战斗逼近的时候，11岁的路易·布莱兹和家人试图离开家，结果却在正门外被尸体绊倒。[61]沿主干道居住的平民能从窗外瞥见美军装满尸体的卡车经过，有时阵亡士兵的脚会从车后伸出来。[62]"我们每天都会在田里发现新的尸体，"玛塞勒·阿梅尔说，"我们往往是寻着气味找到它们的。"[63]尸体的场景和气味尤其令法国儿童感到痛苦难忘。克里斯蒂安·勒图尔纳记得，他小时候在卡克布特不得不从数百具尸体旁经过："我从来没觉得一块地有那么大！ 我害怕极了，一刻也不想停留！"[64]

平民也参与了埋葬死者的工作。在入侵的最初几天里，尸体的数量十分庞大，需要德国战俘和法国百姓一起出力。[65]一名坟墓登记部队的士兵形容诺曼人"又老又瘸"，他们被安排在沙滩上搬运尸体以及挖掘墓穴。这些诺曼人拒绝喝水，只喝苹果酒和葡萄酒。美军把罐装肉和其他军粮当作酬劳付给他们。[66]即使找不到坟墓登记部队，诺曼人也会想办法对牺牲的美国士兵表达敬意，有时他们会自己挖墓穴。在雷米里，勒·布尔格夫人回忆了 C-47 "路易丝小姐"运输机的一个飞行员在她家附近坠毁牺牲的故事。在德国人带走这名飞行员的证件之前，她和家人发现他是一名天主教徒。没有他的证件，他们无法通知他的亲人。但他们在镇上的墓地里将他埋葬的时候，表达了对他的纪念。[67]

诺曼人对待德军尸体和美国士兵的态度截然不同。德军的尸体暴露在外，而且常常遭到毁坏（见图 5.7）。[68]小孩会偷走他们的靴子和其他有价值的东西。德军的尸体仰面朝上，物品遭劫，美军的尸体则面朝下方，背后还放着一束鲜花。[69]尽管戈龙村还在纳粹的控制之下，但总有人到美国士兵的无名墓穴纪念他们，有的献上鲜花，有的带来月桂树叶编成的花冠，还有的留下一条三色带。戈龙村人冒着入狱的危险来表达他们的敬意。[70]6 月 6 日，玛塞勒·阿梅尔看见一个年轻的乡下人跪在一个死去的伞兵身边，他收起散落在遗体旁的文件和照片，把它们妥当地放进士兵的制服口袋里，然后将降落伞的丝绸盖在他身上。[71]

美国士兵的尸体引发了法国百姓的感激之情。透过这些死去的美国士兵，他们领悟到了战争的最高目标和理想。据一位平民回忆，看到美国士兵的尸体不禁让他想到，"他是为了他人的自由，以生命为代价来到诺曼这片土地上的"[72]。在滨海圣洛朗看到一长排尸袋后，一个 19 岁的法国人发出了这样的思考："这些年轻的士兵原本可以在遥远的美国享受和平的生活，但为了实现自由，他们已经有成千上万的人死去，而且这种牺牲还在继续。"[73]士兵的尸体让法国人想起了战争的目的——将他们从德国人的统治下解放出来。自由不是抽象的，它意味着能自由发言、自由聚集，以及进行四年来的第一次自由抗议。

图 5.7　在诺曼底死去的德国士兵

自由也是意识形态上的。早在登陆奥马哈海滩之前，美国战争情报局就参与了所谓的针对纳粹的"心理战"。自1943年开始，百姓就看到了盟军飞机空投的宣传资料。其中阐明，美国战争的雄心在于，"将我们象征自由的旗帜插遍全世界，让所有人认识到我们捍卫自由的不可阻挡的力量"[74]。因此，法国人带着这样的认知理解死去的美国士兵便不足为奇。

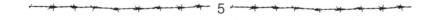

5

类似于"解放"的概念在美国士兵对尸体的态度中没有起到任

何作用。和法国平民一样，美国士兵每天都会见到尸体。毫无疑问，有些美国兵认为战友的死亡代表了为实现自由付出的必要牺牲。有些人甚至羡慕死去的人，因为对他们来说战争已经结束了。[75]然而，在步兵中间更常见的，是他们对尸体——即使是一具德军尸体——的一种令人焦虑的认同感。透过死者，步兵看到了他们自己生命的脆弱。

军方坚持将尸体从视线中清除的举动在步兵之间被传为笑柄，他们极度蔑视那些以为他们还未认清死亡现实的人。[76]"在战场上的每一天，"布伦特表示，"我都会看到你能想象的各种各样的死亡。""我讨厌死尸，可是想避也避不开，因为它们无处不在。"唐纳德·伯吉特讲述道。"死尸真的太多了，"乔治·比德尔回忆意大利战役时说，"你一不小心就会踩到它们。有的躺在草地上，有的死在壕沟里，有的被困在车里烧成了炭。"即使战争已经过去60年，但在斯潘塞·武斯特的脑海中，美国士兵在赫特根森林的死亡景象"依旧历历在目，令人难以释怀"。[77]

第一次看见尸体的感受就像一种清算，它迫使你直面自身死亡的确定无疑的可能性。当迈克尔·比尔德把一个死人翻过来的时候，他"震惊到不可置信"。"算了吧，麦克，他死了。"有人说。比尔德回应道："可我刚刚还在跟他说话啊。"罗斯科·布伦特轻轻地踢了一下躺在地上的一个士兵。起初布伦特以为那人在睡觉，但随后他意识到自己错了："过了一会儿我才明白——这是我看到的第一个死去的美国兵……我头也不回地继续往前走。可是如今真正触碰了死亡，我对自己的能力甚至越发没信心。"[78]

死亡无情的存在让你意识到，没有什么魔法盾牌能保护你。第一次看见尸体后，保罗·富塞尔丢掉了"不成熟的幻想"："我突然明白，这个世界不是且永远不再是一个理性而公正的世界。""认为自己肯定能在战争中幸存下来，这种想法是毫无道理的，"安德鲁·威尔逊写道，"你看到毛毯下面伸出一双靴子，它们跟你的靴子一模一样。你凭什么认为那双靴子的主人遭受的命运不会也在不经意间落到你的头上？"[79]吉姆·加文记得，他手下的一个士兵第一次看见死尸后脸色变得煞白，接着开始发青。"我知道他在想什么，所有第一次上战场的年轻士兵都会被尸体的场景吓到……他们总是把自己等同于眼前的死人，认为这可能发生在他们身上。"马克·麦克默迪第一次看见死人后也有同样的反应，这次他看到的是一名德国士兵："虽然几天下来他的身体已经膨胀，但他看起来却那么小，那么微不足道。我不禁问自己，是不是我们每个人都跟他一样这么小，这么微不足道？ 那是一个非常发人深省的时刻。"[80]

难怪指挥官们希望尽快把尸体从战场上撤离。正如著名的美国士兵奥迪·墨菲曾说，尸体"使得士兵反思他自己的生命可能发生什么"。沃尔特·布朗看着尸体"像老家的木材一样被扔上卡车。我在想，有一天他们会不会用同样的方式捡起我。想到这里真让人心神不宁。"看到许多英年早逝的士兵后，罗伯特·鲍恩问道："我们还能这样坚持多久？ 或许有一天，我们也会像堆叠好的柱子一样准备装上卡车。"在奔赴进攻地点的途中，保罗·伯施和他的队伍遇到了"一排可怕的德军尸体……它们四肢摊开躺在路上，呈现出各种疯狂而惨烈的姿势"。尽管被命令经过的时候不要看，但有些人还是吐了，还有几个人必须被搀扶着才能前进。有些士兵用忽视死人的办法来应对焦虑。"我决心绝不正眼看尸体，"莫里斯·库灵顿回忆道,"我'注意到了'它们数百次,但从来没有真正'看过'。"[81]

尸体是不是德国人,这一点既重要也不重要。看见德军的尸体让士兵感到心情复杂。一方面,他们可能表现得冷酷无情。德军的尸体提供了偷窃纳粹纪念品和手表的机会。德军的手枪和头盔十分珍贵,以至于他们会在尸体上设诡雷,想让抢劫者付出生命的代价。德军的尸体也可能招致步兵的愤怒和报复,特别是如果死者曾在以残暴著称的纳粹精锐部队党卫军服役。目睹了党卫军对比利时百姓施加的暴行后,布伦特遇上了一具遭到乱砍的党卫军尸体。"在没有原因也没有人挑衅的情况下,"他猛地一脚把头从身体上踢开,然后拿它当足球踢了起来。"我什么感觉都没有,只有一种可怕的快感。"他回忆道。[82]

另一方面,步兵透过德军的尸体看到了自己的悲惨。[83]看到德国战俘随意将他们死去的战友扔进沟里,法国士兵亨利·德卢皮感到很难过。让·纳瓦德的法国装甲部队遇到了一个功勋卓著的德国军官的尸体。他在日记中写道:"看见他死在我们面前,虽然听起来很愚蠢,但我们都觉得很受触动。我们一言不发地帮他整理遗体,好让他显得更有尊严。"法国装甲兵对德国步兵产生了一种"愚蠢的"亲近感,因为他们都是战争的牺牲品。富塞尔记得自己见过一些非常年轻的德国士兵:"尽管有人说服他们抵抗可能'赢得战争',但他们不仅在节节败退,而且死得毫无意义。"鲍恩看到死去的德国少年士兵时也有同样的反应:"现在,他们的尸体躺在冰冷的雪地里,再也见不到家人和朋友。我为他们感到难过,也变得非常沮丧。他们和我们一样一直在为生存而挣扎。"雷克斯·弗劳尔回忆道："看到这些风华正茂的年轻人死去，让人感觉糟透了。"膨胀的德军尸体让罗伯特·汉弗莱想起了老家得克萨斯的死牛。"看到人类，即使是德国人，像死去的牲口一样无人问津地躺在那里"，让他感到十分不安。法国作家安德烈·尚松看到一具德军尸体躺在雨中，他注意到："雨水轻轻地划过尸体的脸颊，他看上去仿佛在哭泣。"[84]

对步兵而言，尸体象征着自我的丧失。他们同时通过两种相互矛盾的视角看待死去的士兵。一方面，死者在步兵眼里只是一具躯体——没有人格，也没有男子气概。另一方面，他们站在家属个人情感的角度看待尸体。站在这个视角，他是一个有名有姓的人，拥有兄弟、男朋友、丈夫或儿子的身份。当奥瓦尔·福伯斯为朋友卡尔的牺牲感到悲痛时，他得知卡尔的遗体被坟墓登记处舍弃，留待后续转移。那晚他在日记中提到了卡尔的妻子："如果她真的知道，她的爱人已经离开人世，而他的遗体远在诺曼底荒无人烟的泥巴地里，或许连她的生命也会流血而逝。"[85]在福伯斯眼里，卡尔的身体既代表了一位亲爱的丈夫，也代表了被遗弃在诺曼底泥巴地里的一件物品。在这两种视角的对比之下，福伯斯不仅对坟墓登记处产生了深深的不信任，而且对整个军方抹杀个性、漠视士兵的举动持有同样的怀疑。福伯斯在荒无人烟的地方展开了他的战争，交战双方分别是他的自我感和军方对他的漠不关心。

尸体还提醒士兵，他不可能继续保持过去的那个自己。作为曾经的兄弟、儿子、情人和丈夫，如今的士兵已经被转变成一具空洞的身体。和尸体一样，活着的士兵也抛下了自我和灵魂，如今他们不在任何地方——既不在此处，也不在别处。和福伯斯一样，许多士兵随身带着又脏又破的家人照片，这是他们渴望将脆弱的人格保持下去的表现。一名来自密歇根的年轻美国士兵对尸体持有这样的看法："活着的人是复杂的，死去的人则被剥夺了所有意义。我们看见他们戴着面目全非的头盔，穿着灰色制服，嘴巴张得大大的，牙齿和双手苍白暗淡，靴子破烂不堪。他们没有身份，彼此之间无法区分，不过是不值得悲痛的死尸。我们被死亡的气息吓得目瞪口呆，跌跌撞撞地奔赴战场，只怕自己也会落得如此下场。"[86]军队和死亡一样，能扼杀一个人。士兵的身体被操纵成了一个暴力单位。如今作为一具尸体，它会由坟墓登记部队处理。[87]"没过多久我就清楚地意识到战争向步兵传达的信息，"富塞尔写道，"你是可以牺牲的。不要以为家人对你的高看在这里能派上什么用场，你不过是为我所用的又一具身体罢了。"[88]

死亡澄清了军事指挥的逻辑。看到死者后想到他的家人，这不仅为死者赋予了人的特质，同时也挽救了你自己的人格。目睹尸体"像垃圾一样被堆上卡车"常常让比尔德想到，如果这些可怜孩子的母亲看到她们的儿子被这样对待，这些人会付出怎样的代价？一个步兵看到一名死去的中尉后问道："要是他的妈妈看到他现在的样子，制服上结了白花花的霜冻，她会如何面对？"当莱斯特·阿特韦尔看到麦格拉思中尉的遗体"像原木一样被绳子系着包裹在落雪结冰的帐篷里"时，他想起麦格拉思过去在课堂讲座上教授圣托马斯·阿奎那哲学的情景。当一名美国士兵扬言要砍下一具德军尸体的手指取下上面的戒指时，带领他的下士感到深深的不安，因为那天是母亲节。"想想他的母亲吧，你就不会忍心这么做的。"[89]看到一个德国炮兵被车辆反复碾轧后，英国兵鲍勃·谢尔德雷克把他的遗体从路上拖了下来。"我想到了他的母亲和妻子。"他说道。[90]德国士兵也会涌起同样的念头。当胡贝特·格斯第一次看到死去的美国士兵时，他睁大眼睛望向了天空，他心想："在遥远的美国，哪位母亲会为他悲痛？"他又想："如果我落得相同的命运，我的母亲又会怎样为我哭泣？"[91]透过尸体，步兵明白了战争的意义。他们被迫抛弃自我，作为一具空洞的身体，一具活着的尸体，投入战斗，承受死亡。

6

我想以军医布伦丹·菲布斯讲述的一个故事结尾。在我看来，这个故事阐释了步兵对尸体的理解。菲布斯是美国陆军的一名外科医生，因而见过大量死亡。1945年春的一天，菲布斯和他所属的部队部署在德国。那天上午，一个名叫沃利的士兵在一阵冲锋枪扫射中阵亡。当连队为德军的反击备战时，他们被迫将沃利的遗体留在路边。遗弃尸体是他们以前做过无数次的举动。"在我们的世界里，"菲布斯写道，"死去的人只需要躺在那里，任由风吹雨淋。每当有人看到他，或者闯入他的视线，他就在这样的目光中再死一次。我们的死者不得不像垃圾一样被丢弃和无视。"[92]沃利是连队中许多人的好朋友，所有士兵都喜欢他。现在，随着部队开着战车前进，菲布斯和队伍被迫看着沃利的遗体被溅满泥浆。一排巨型大炮经过的时候几乎从他身上碾轧过去。

当一个恼怒的德国人朝沃利身上吐口水后，一名医护兵菲恩中士顿时被激怒。他拿来一个担架把沃利放上去，给他盖上了一块灰毛毯，接着说明了自己的打算："我们不能让沃利躺在路上，该死的坦克可能从他身上轧过去，说不定还会把他轧得稀碎，更不能让该死的德国佬对他为所欲为。我们要给他找个地方，该死的！"[93]菲恩去抬尸体的时候，其他人也上前帮忙。随着护送沃利的队列开始上路，一群士兵聚集在了担架周围。这群人在前进的过程中越来越壮大。借用菲布斯的话来说："有些士兵从半履带车上跳下来，默默地走向我们。他们询问死者的身份，把他的名字大声告诉前面的士兵，然后开始跟在我们后面走。许多人摘下了头盔。"与此同时，菲布斯却感到焦虑："我有一种不安的预感，这个自发的善举，这个有人情味的过程，可能被那些致力于组织和指挥链的人认为不合时宜，甚至破坏军纪。"[94]

他的担心是对的，护送队列很快被一位恼怒的上校制止。当士兵们拒绝解散时，上校扬言要将他们逮捕。一个名叫法尔科内的步兵从人群中站出来，他告诉上校自己乐意接受逮捕。然后他转身面对其他士兵道："他们还能对我们做出什么更糟的事吗？ 我们都会死的，你们这些该死的蠢货……你们死定了，当这个混蛋纸上谈兵的时候，你们会在烂泥里死去。"那一刻，菲布斯看到士兵们的脸上露出了认清事实后的"惊愕"："他们是整个战争中最大的牺牲品，是步兵连末梢的步兵排。让他们坚持战斗的，是他们对自己男子气概的骄傲和彼此之间的友谊。"[95]菲布斯对这些士兵的描述，和他形容沃利的尸体时一样：他们都是在牺牲中被漠视的身体。

照料沃利的遗体，给它一个体面的安葬，就是拥抱他们共同的自我。尽管有军官的干涉，但是护送队列很快被准予继续前进。没走多远，队列发现了一片高高的花丛，红色和蓝色的鲜花茂盛而美丽。"当我们把沃利的遗体放下的时候，鲜花朝灰色的毛毯簇拥过来，他消失在了一片红蓝相间的星海里。"每个士兵都跟沃利做了告别，向他致以最后的敬意——有的人为他整理了毛毯，有的人把鲜花覆盖在他身上。"当我们看到僵硬的四肢上点缀着天真可爱的花朵时，我知道其他人和我一样体验到了感激与安宁，"菲布斯写道，"我有一种非理性的感觉，我们已经打败了这个体制：不久，坟墓登记部队的掘尸者就会带着床垫袋和装订工具来到这里，沃利的遗骸将被扔进送他来到战场的庞大流水线的返回链中。但这些都不重要了，因为沃利藏入了花丛中。"[96]

在菲布斯眼里，坟墓登记部队代表了现代战争庞大的流水线，他和沃利就是被随意扔进这条流水线的。菲布斯的战友在乎沃利的身体，并不是因为他为自由献出了生命，而是因为他跟他们一样，是值得被关注和尊重的人。沃利的身体成了一扇门，菲布斯的队伍可以经由这扇门逃离战争，去往一个美丽的世界。保护沃利的遗体不仅是一种尊重，它也成了一种反抗行为。[97]作为这种反抗的媒介，沃利的身体很大程度上向我们展现了战争对于参与战斗的士兵而言意味着什么。由此，当面对一具尸体时，历史学者应当尽量不移开视线。因为从死者的历史中，我们可以了解生者是如何不顾一切地活下去的。

致　谢

　　很高兴能在此感谢帮助我完成本书的众多机构和个人。首先我想感谢由利·雅各布斯出色领导的威斯康星大学麦迪逊分校的研究生院，该院提供的数项奖励资金让我能够在撰写本书的过程中多次踏上研究之旅。为此，我同样十分感激历史系最新上任的吉姆·斯威特和莱尔德·鲍斯维尔两位主任。这两位同事在生活和工作中都对我给予了支持，慷慨而幽默地为我付出了许多。

　　为了本书的调研，我去过美国和欧洲的档案室。我想感谢帝国战争博物馆、惠康图书馆和伦敦大英图书馆的工作人员，以及柏林邮政和电信博物馆。我想感谢法国卡昂纪念馆的斯特凡纳·西蒙尼、芒什省遗产档案的阿朗·塔龙，以及现代历史研究所的安妮-玛丽·帕泰。十分感谢美国宾夕法尼亚州卡莱尔兵营军事历史研究所的工作人员、马里兰州国家档案和记录管理局和华盛顿特区的国会图书馆。最后，我想感谢华盛顿大学纪念图书馆的馆际互借工作人员，尽管困难重重，但他们想方设法寻找并获得了数百份步兵回忆录，其中有一些十分少见。本书有他们很大的功劳。

　　我十分有幸能和芝加哥大学出版社的苏珊·贝尔斯合作，感谢她对我的工作付出的时间与关注。苏珊凭借卓越的技巧和温和的幽默教会我如何用新的方式写作。凯特·布来兑默绘制地图的技能令我惊叹，我特别感谢她愿意一同绘制书中的地图，她给这项工作带来了许多乐趣。艾琳·德威特是一名出色的文字编辑，既具备敏锐的编辑眼光，也十分友好和热情。跟这三位杰出的专业人士合作是创作本书最愉快的经历之一。我同样对詹姆斯·托特内斯的指引、耐心和效率深表感激。

许多书籍产生于学者之间的相互交流，我参加的学术交流对本书便有很大的贡献。感谢布鲁诺·卡瓦内斯、霍利·格劳特、安娜·克里洛娃、埃玛·库比、埃莉萨·迈伦德、露西·诺克斯、凯文·帕斯莫尔、哈维尔·桑佩尔-本德雷利、戴维·索金、琼·斯科特、劳拉·斯莫勒、莉萨·特特罗以及加西恩·沃克对我的指导和友谊，他们在各自的大学作为东道主招待了我。特别感谢雷吉娜·米尔豪泽和"性暴力与武装冲突"研究小组于 2015 年在汉堡为致敬苏珊·布朗米勒举行的会议。在这个令人振奋的聚会上，我第一次有了对战争中的肉体进行探索的想法。

得益于我在威斯康星大学优秀的同事们，他们的支持和专业素养极大地助力了本书的成书。怀着爱和感恩，我想感谢凯莉·康韦、斯凯·多尼、娜恩·恩斯塔德、苏珊·弗里德曼、阿普丽尔·海恩斯、戴维·麦克唐纳和丹尼尔·乌西什金。特别感谢我的四位同事莱尔德·博斯韦尔、约翰·霍尔、弗兰·赫希和埃莉萨·迈伦德，他们花时间阅读了本书的全稿，并给出了个人意见。当然，书中的所有错误都是他们的，与我无关。*尤其是约翰·霍尔，他毫

---

* 此为原作者的调侃之辞。——译者注

不吝啬地分享了作为历史学者的技能和他对美国军事的了解。

我的学术生活继续以我有幸一同共事的研究生为中心。在我的"性别与战争"研讨会上，这些年轻的学者影响了我对本书中许多重要问题的思考。我们在麦迪逊的以"战争在社会文化中的作用"为主题的项目在这方面表现出了重要价值。感谢邀请我参加研讨会并就第二章给出精彩反馈的学生们：丹尼斯·阿尔芬、凯特·阿尔芬、康拉德·艾伦、萨姆·卡布索拉、查德·吉布斯和罗伯特·米勒-斯塔尔。我从他们每个人身上都学到了很多。特别是布赖恩·诺思，他为我提供了建设性的批评、相关的阅读，以及必要的引文。他还让我了解了许多关于美国陆军如何"运作"的知识。

本书还得益于一群爱我的朋友和家人。我想特别感谢凯西·鲍斯、珍尼弗·伯里安、帕特·汉森、杰夫·利贡、凯瑟琳·莱尔、凯莱·纳尔逊、保罗·林德斯、西蒙·施韦伯和约翰·托尔托里斯。我的妹妹凯瑟琳经常提起我们快乐的童年，这让我总是心情愉悦。梅·弗雷达斯和我的姐姐一样，在艰难的日子里给予我无限的支持，她们是我认识的最善良的人。梅根·威廉森向我展示了她的友爱、坚强和幽默。我对她和整个威廉森家族都心怀感激，他们热情地将我融入了他们的生活。

我以深深的爱和仰慕之情将这本书献给我的姐姐伊丽莎白·贝尔。自我记事起，她就一直在引导我的精神生活。小的时候，她会在临睡前为我读"金色童书"系列。我 13 岁时，她把亨利·詹姆斯的《一位贵妇的画像》交给了我。到了 22 岁，她邀请我参加了全国妇女研究协会的一次会议。在那次会议上，我决定成为一名女性历史学家。当我于 1997 年在斯坦福大学获得终身教职时，伊丽莎白是第一个收到消息的人，她的喜极而泣令我十分感动。当我第一次去往柏林时，她给我寄了一本推荐我在酒店看的书——布赖恩·莱德的《柏林幽魂》，以及一个让我装针织物的手工手提包。伊丽莎白是一位研究大屠杀和赫雷罗种族灭绝的备受尊敬的学者，她深刻地影响了我对第二次世界大战的思考。我十分感激她在我生命中充满关爱的存在。

注 释

序

[1] Private Papers of Leroy Stewart, "Hurry Up and Wait," 44, World War Two Survey Collection, 1st Infantry Division, US Army Military History Institute, Carlisle Barracks, PA.

[2] Ernest Harmon, with Milton MacKaye and William Ross MacKaye, *Combat Commander: Autobiography of a Soldier* (Englewood Cliffs, NJ: Prentice, 1970), 243; Bill Bellamy, *Troop Leader: A Tank Commander's Story* (Phoenix Mill, UK: Sutton, 2005), 152.

[3] 肯尼思·T.麦克利什形容士兵的身体"既是有知觉的感官机体,同时也是在纪律和规章制度下产生的抽象客体"。参看 MacLeish, "Armor and Anesthesia: Exposure, Feeling, and the Soldier's Body," *Medical Anthropology Quarterly* 26, no.1 (2012):55。

[4] Patton, quoted in Carlo d'Este, *Patton: A Genius for War* (New York: HarperCollins, 1995), 539, 544.

[5] George W.Neill, *Infantry Soldier: Holding the Line at the Battle of the Bulge* (Norman: University of Oklahoma Press, 2000), 95. 关于历史学家对步兵生活进行的仔细研究,参看 Lloyd Clark, *Blitzkrieg: Myth, Reality and Hitler's Lightning War: France, 1940* (New York: Atlantic Monthly, 2016); Stephen G.Fritz, *Frontsoldaten: The German Soldier in World War II* (Lexington: University Press of Kentucky, 1995); John Ellis, *On the Front Lines: The Experience of War through the Eyes of the Allied Soldiers in World War II* (New York: John Wiley and Sons, 1990)。

[6] 关于对 20 世纪历史中个人资料的使用有一个特别深思熟虑的对话,可参看 Konrad Jaurausch, *Broken Lives: How Ordinary Germans Experienced the Twentieth Century* (Princeton, NJ: Princeton University Press, 2018), 5—14。

[7] Elaine Scarry, *The Body in Pain: The Making and Unmaking of the World* (New York: Oxford University Press, 1985), 110.

[8] S.Agulnick, W.R.Condon, R.G.Conroy, and A.L.Bogardus, eds., *In Their Own*

Words: *The Battle of the Bulge as Recorded by Members of Company C* (self-pub., 1996), i—ii.

[9] Martin Jay, "In the Realm of the Senses: An Introduction," *American Historical Review* 116, no.2 (April 2011): 307—315.

[10] 从美国步兵的行动视角对这些战役最好的描述当属 Peter R.Mansoor, *The GI Offensive in Europe: The Triumph of American Infantry Divisions*, 1941—1945 (Lawrence: University Press of Kansas, 1999), chaps.5, 8, 9。

[11] William B.Foster, Ida Levin Hellman, Douglas Hesford, and Darrell G.McPherson, *Physical Standards in World War II* (Washington, DC: Office of the Surgeon General, Department of the Army, 1967), 132.

[12] Foster et al., 69—79, 129—157.

[13] Corinna Peniston-Bird, "Classifying the Body in the Second World War: British Men in and out of Uniform," *Body & Society* 9, no.4 (December 2003): 33.

[14] Private Papers of E.J.Rooke-Matthews, Imperial War Museum, London. 关于这一点，参看 Emma Reilly, "Civilians into Soldiers: The British Male Military Body in the Second World War" (PhD thesis, University of Strathclyde, 2010), 30—31。赖利指出，这种归纳方法源自工业健康研究和工厂里泰勒主义的身体合理化实践。

[15] Peniston-Bird, "Classifying the Body," 34—35; Reilly, "Civilians into Soldiers," 33.

[16] Cummins, quoted in Reilly, "Civilians into Soldiers," 41.

[17] David Holbrook, Flesh Wounds (London: Methuen, 1966), 51.

[18] Scarry, *The Body in Pain*, 71. 关于这一点，还可参看 Kevin McSorley, "War and the Body," in *War and the Body: Militarisation, Practice and Experience*, ed. Kevin McSorley (London: Routledge, 2015), 160; John M.Kinder, "The Embodiment of War: Bodies for, in, and after War," in *At War: The Military and American Culture in the Twentieth Century and Beyond*, ed. David Kieran and Edwin A.Martini (New Brunswick, NJ: Rutgers University Press, 2018), 217: "人类的身体过去是——现在也是——武装冲突的决定性特征。" 欣德还指出: "军事历史的领域一直在回避战争的身体层面(吃饭和睡觉、疾病和伤痛、饥饿和健康)。" (219)

[19] George H.Roeder Jr. *The Censored War: American Visual Experience during World War II* (New Haven, CT: Yale University Press, 1993), 14.

[20] 关于英国军队预防痢疾的措施，参看 Brian Harpur, *Impossible Victory: A Personal Account of the Battle for the River Po* (New York: Hippocrene Books, 1980), 98—100。

[21] Testimony of William Condon in *In Their Own Words*, ed. Agulnick et al., 21.

[22] Paul Fussell, *Doing Battle: The Making of a Skeptic* (Boston: Little, Brown, 1996), 114. 还可参看 Lester Atwell, *Private* (New York: Simon and Schuster, 1958), 125。

[23] Rachel Woodward and K.Neil Jenkins, "Soldiers' Bodies and the Contemporary

British Military Memoir," in *War and the Body*, ed. McSorley, 160.

[24] Sean Longden, *To the Victor the Spoils: Soldiers' Lives from D-Day to VE-Day* (London: Robinson, 2007), 229; Paul Fussell, *Wartime: Understanding and Behavior in the Second World War* (New York: Oxford University Press, 1989), 254.

[25] Charles Whiting, *The Battle of Hurtgen Forest: The Untold Story of a Disastrous Campaign* (New York: Orion Books, 1989), 257; Nat Frankel and Larry Smith, *Patton's Best: An Informal History of the 4th Armored Division* (New York: Hawthorn Books, 1978), 12.

[26] Walter L.Brown, *Up Front with U.S.: Day by Day in the Life of a Combat Infantryman in General Patton's Third Army* (self-pub., 1979), 414—415. 关于撒尿在当代美国军队中象征权力一事，参看 Aaron Belkin, "Spoiling for a Fight: Filth, Cleanliness and Normative Masculinity," in *Bring Me Men: Military Masculinity and the Benign Façade of American Empire*, 1898—2001 (New York: Columbia University Press, 2012), 125—150。

[27] Neil McCallum, *Journey with a Pistol* (London: Victor Gollancz, 1961), 45. 麦卡勒姆写下这句话的时候在北非，不是在欧洲。

第一章

[1] Martin Shaw, "Strategy and Slaughter," Review of International Studies 29, no.2 (April 2003): 269—277.

[2] G.W.Target, *Scenes from a War* (New Malden, UK: Fellowship of Reconciliation, [1976]), 7; Donald R.Burgett, *Seven Roads to Hell: A Screaming Eagle at Bastogne* (Novato, CA: Presidio Press, 1999), 65.

[3] 视觉是最重要的感觉。战场上最引人注意的场景是死尸，它需要单独叙述，见第五章。这些士兵的回忆录中鲜少提及触觉，或许是因为同性之间触碰的禁忌。当他们提到触觉时，往往是关于它的缺失——由战壕足引起的足部麻木。见第三章。

[4] Lena Groeger, "Making Sense of the World, Several Senses at a Time," *Scientific America*, February 28, 2012, https://www.scientificamerican.com/article/making-sense-world-sveral-senses-at-time/.

[5] Private Papers of A.G.Herbert, Imperial War Museum (hereafter IWM), London, 12. 此处同样可参看 Sydney Jary, *18 Platoon* (Surrey, UK: Sydney Jary Ltd., 1987), 132; Private Papers of D. Evans, 77, IWM。

[6] Peter White, *With the Jocks: A Soldier's Struggle for Europe 1944—45* (Phoenix Mill, UK: Sutton, 2001), 177; Brian Harpur, *Impossible Victory: A Personal Account of the Battle for the River Po* (New York: Hippocrene Books, 1980), 165. 关于步兵生活的迫切性，还可参看 Richard Flemming, 88th ID Survey, World War Two Survey Collection (hereafter WWII Survey), US Army Military History Institute (hereafter MHI), Carlisle Barracks, PA; testimony of William Condon in *In Their Own Words: The Battle of the Bulge as Recorded by Members of Company C*, ed. S.Agulnick, W.R.

Condon，R.G.Conroy，and A.L.Bogardus（self-pub.，1996），27。

［7］Harpur，*Impossible Victory*，165. 还可参看 the testimony of Richard Root in *In Their Own Words*，ed. Agulnick et al.，129；Stanley Smith，"When the Rubber Meets the Road," 3，WWII Survey，3rd ID，MHI。

［8］R.M.Wingfield，*The Only Way Out：An Infantryman's Autobiography of the North West Europe Campaign*，*August 1944—February 1945*（London：Hutchinson，1955），160；White，*With the Jocks*，177—178；Arnold Whittaker，*Foxhole Promises：Stories from WWII Foxholes*（Marietta，GA：Deeds，2011），37；Frank Denison，"Soldiering On," 11，WWII Survey，101st Airborne Division，MHI.

［9］Roger Guillaume，*Larmes du Bois d'Arsol：récit d'une bataille*（Strasbourg：self-pub.，1989），84，144，154.

［10］Roscoe C.Blunt Jr.，*Inside the Battle of the Bulge：A Private Comes of Age*（Westport，CT：Praeger，1994），14. 还可参看 the diary of Robert Strong Snyder in Italy，November 10，1943：*And When My Task on Earth Is Done：The Day by Day Experiences of a Christian Written in His Diary Which Was Sent Home by the War Department*（Kansas City，MO：Graphic Laboratory，1950），78："我们无疑很难知道战争的进展，这里没有任何报纸。或许士兵本来就不该知道。"

［11］Morrisey，quoted in Robert E.Humphrey，*Once upon a Time in War：The 99th Division in World War II*（Norman：University of Oklahoma Press，2008），196，and see also 139.

［12］巴顿手下的一名步兵表示："战略和战术，以及其制定者的性格特点，只有在它们会让士兵受苦受累的情况下才显得重要。"参看 Nat Frankel and Larry Smith，*Patton's Best：An Informal History of the 4th Armored Division*（New York：Hawthorn Books，1978），92。

［13］Kenneth T.MacLeish，*Making War at Fort Hood：Life and Uncertainty in a Military Community*（Princeton，NJ：Princeton University Press，2013），11.

［14］Kenneth T.MacLeish，"Armor and Anesthesia：Exposure，Feeling，and the Soldier's Body，*Medical Anthropology Quarterly* 26，no.1（2012）：55.

［15］关于声音的历史，参看 Daniel Morat，ed.，*Sounds of Modern History：Auditory Cultures in 19th- and 20th-Century Europe*（New York：Berghahn Books，2014）。经典著作 Alain Corbin，*Village Bells：Sound and Meaning in the 19th-Century French Countryside*，trans. Martin Thom（New York：Columbia University Press，1998）。

［16］第一次世界大战也同样如此。参看 Axel Volmar，"In Storms of Steel：The Soundscape of World War I and Its Impact on Auditory Media Culture during the Weimar Period," in *Sounds of Modern History*，ed. Morat，229。

［17］关于"声景"的全面历史解析，参看 Carolyn Birdsall，*Nazi Soundscapes：Sound，Technology and Urban Space in Germany*，*1933—1945*（Amsterdam：Amsterdam University Press，2012）。

［18］Tom Perry，quoted in Patrick Delaforce，*The Fighting Wessex Wyverns：From Normandy to Bremerhaven with the 43rd Wessex Division*（Stroud，UK：Sutton，1994），

27；Walter Bahr，*Kriegsbriefe*，*Gefallener Studenten*，*1939—1945*（Tübingen：Rainer Wunderlich Verlag，1952），430—431，letter dated February 29，1944.

[19] Gordon John Scriven，*Regimental Stretcher Bearers in Action*！（1951；repr.，Weymouth：self-pub.，1972），8—9.

[20] Mack Bloom，WWII Survey，3rd ID，MHI；Private Papers of Major H.W.Freeman Attwood，17，IWM；Hans Stock to his family，January 27，1944，Museumsstiftung Post und Telekommunikation，Briefsammlung，Feldpost Zweiter Weltkrieg.

[21] Maurice Piboule，*Du Maroc au Voralberg via Roma*，*1942—1945*：*Journal de guerre d'un artilleur*（[Montluçon?]：self-pub.，[1995?]），entry of December 20，1943，27. 这是一名法国炮兵写的"旅途日志"，由皮布勒在一个德国餐厅找到并最终出版，作者未知。

[22] Eric Codling，quoted in Delaforce，*Fighting Wessex Wyverns*，77；US infantryman，quoted in Charles Whiting，*The Battle of Hurtgen Forest*：*The Untold Story of a Disastrous Campaign*（New York：Orion Books，1989），24；Jary，*18 Platoon*，131；Stuart Mawson，*Arnheim Doctor*（Gloucester，UK：Spellmount，1981），58；Raymond Gantter，*Roll Me Over*：*An Infantryman's World War II*（New York：Ivy Books，1997），37.

[23] Gordon Gammack，*Columns from Three Wars*（Ames：Iowa State University Press，1979），n.p. 加马克是部队在意大利的随军记者，这里的资料最初刊载于 *Iowa Register*，November 19，1943。

[24] Scriven，*Stretcher Bearers*，28，8；soldier，quoted in Whiting，*Battle of Hurtgen Forest*，24—25.

[25] Dominick Graham and Ian Hogg，"Artillery，"in *The Oxford Guide to World War Two*，ed. I. C. B. Dear and M. R. D. Foot（Oxford：Oxford University Press，1995），44.

[26] Eighty-Fourth Division Sergeant Ed Steward，*Battle of the Bulge*：*The American Experience*，directed by Thomas Lennon（Los Angeles：Lennon Documentary Group，WGBH，November 9，1994），quoted in Frank Lavin，*Home Front to Battlefront*：*An Ohio Teenager in World War II*（Athens：Ohio University Press，2016），145.

[27] Robert Kotlowitz，*Before Their Time*：*A Memoir*（New York：Alfred A.Knopf，1997），117.

[28] 莫里斯·博弗拉在日记中提到，有一个士兵是这么做的。参看他的 *Du Cotentin à Colmar avec les chars de Leclerc*（Paris：éditions Berger-Levrault，1947），41。

[29] John Clayton，letter dated January 4，1945，WWII Survey，3rd ID，MHI；Boverat，*Du Cotentin à Colmar*，91.

[30] Patrick Delaforce，*Red Crown and Dragon*：*53rd Welsh Division in North-West Europe*，*1944—1945*（Brighton，UK：Tom Donovan，1996），105.

[31] Bill Mauldin，*Up Front*（New York：W. W. Norton，2000），94—95；Leroy Coley，*A Little Bit of War*，*The Battle of the Bulge*（Centralia，WA：self-pub.，2003）. 18. 也可参看 Clayton，letter dated January 4，1944，MHI。

[32] Geoffrey Picot, *Accidental Warrior* (London: Penguin, 1994), 30; Lester Atwell, *Private* (New York: Simon and Schuster, 1958), 49.

[33] Harpur, *Impossible Victory*, 37.

[34] Private Papers of Captain R.Barer, MC, 38, IWM.

[35] Private Papers of Captain D.G.Aitken, IWM. 另一种夜间常听见的声音是头顶飞机的轰鸣声，有时有几百架之多。关于这一点，参看 Piboule, *Du Maroc*, 36。

[36] Gammack, *Columns*, n.p., originally in *Iowa Register*, November 19, 1943.

[37] Private Papers of Captain P.J.Cremin, letter dated June 14, 1944, IWM.

[38] Graham and Hogg, "Artillery," 44.

[39] Piboule, *Du Maroc*, diary entry of May 11, 1944, 42; Jean Navard, *La Libération avec les chars: du débarquement en Provence jusqu' à Ulm, 15 août 1944—8 mai 1945 avec la 1re Armée française* (Paris: Nouvelles éditions latines, 1980), 231; Hans Bähr, *Die Stimmen des Menschen: Briefe und Augzeichnungen aus der ganzen Welt, 1939—1945* (München: R.Piper, 1966), entry dated March 22, 1944, 501. 3月 15 日的记录大同小异。关于另一个士兵认为西线的情况比苏联前线更恶劣的信息，参看 Willy Schröder, *Nur ein Kriegstagebuch: Rein menschliche Reflektionen* (Baden-Baden: Verlag Presse Informations Agentur, 1982), 133。也可参看 Ralph B.Schaps, *500 Days of Front Line Combat: The WWII Memoir of Ralph B. Schaps* (New York: iUniverse, 2003), 105; Franz Kurowski, *Ich Kam Durch! Kriegsschicksale in Dokumenten* (Herrsching: Pawlak, 1985), 16—17。关于德军在法国战役中应对难耐的火炮噪音的情况，参看 Erich Kuby, *Mein Krieg: Aufzeichnungen, 1939—1944* (München: Knesebeck u. Schuler, 1989), 308, 311。

[40] Stuart Hills, *By Tank into Normandy* (London: Cassell, 2004), 131.

[41] Wingfield, *Only Way Out*, 142; Byers, quoted in Humphrey, *Once upon a Time*, 82.

[42] Mauldin, *Up Front*, 94—95. "狗子"是美国兵的绰号，和"狗脸"类似。在意大利山脉，士兵们留长了胡子，脸弄得非常脏，所以有了这个绰号。

[43] White, *With the Jocks*, 155; Trevor Greenwood, *D-Day to Victory: The Diaries of a British Tank Commander* (London: Simon and Schuster, 2012), 248. 格林伍德的书原来是一系列笔记，经过编辑得以出版；Louis Christian Michelet, *La flamme de la revanche: Témoignage d'un combattant* (Paris: Godefroy de Bouillon, 2002), 324。

[44] White, *With the Jocks*, 157; Blunt, *Inside the Battle of the Bulge*, 12; Malraux, quoted in André Chamson, *La Reconquête*, 1944—1945 (Paris: éditions Plon, 1975), 113. 第二次世界大战的最后一个冬天，尚松和马尔罗在法国陆军第 1 集团军并肩作战。

[45] Steward, quoted in Lavin, *Home Front to Battlefront*, 145.

[46] Sean Longden, *To the Victor the Spoils: Soldiers' Lives from D-Day to VE-Day* (London: Robinson, 2007), 9.

[47] Mauldin, *Up Front*, 95—95.

[48] Donald Lavender, *Nudge Blue: A 9th Infantry Division Rifleman's Memoir of World War II* (Bennington, VT: Merriam Press, 1998), 29—30.

[49] Testimony of Mel Lowry, in War on the Ground, 1939—1945, ed. Colin John Bruce (London: Constable, 1995), 130; Burgett, *Seven Roads to Hell*, 66; Arthur Reddish, *Normandy 1944 : From the Hull of a Sherman* (Wanganui, NZ: Battlefield Associates, 1995), 35; Captain Jesse Caldwell, "Combat Diary," WWII Survey, 87th ID, MHI.

[50] William F.McMurdie, *Hey, Mac! This Is Serious Business! A Guy Could Get Killed!* (Gig Harbor, WA: Red Apple, 2000), 99—100.

[51] E.A.Reitan, "A Rifleman in World War II," 59, WWII Survey, 3rd ID, MHI.

[52] Ross S.Carter, *Those Devils in Baggy Pants* (New York: Appleton-Century-Crofts, 1951), 81.

[53] Freeman-Attwood, 15, IWM; Francis L.Ware, "Family Doctor to 2nd Battalion 12th Infantry, 4th Infantry Division," 53, 4th ID, WWII Survey, MHI; Private Papers of Lieutenant E.A.Brown, 31, IWM.

[54] Testimony of Bill Scully, in *War on the Ground*, ed. Bruce, 155, 163; Michelet, *La flamme de la revanche*, 336.

[55] Testimony of Noel Bell, in *The War on Land : The British Army in World War II : An Anthology of Personal Experience*, ed. Ronald Lewin (New York: William Morrow, 1970), 255.

[56] Frankel and Smith, Patton's Best, 83.

[57] James Hagan, WWII Survey, 1st Armored Division (hereafter AD), MHI.

[58] Bert Damsky, 26, WWII Survey, 1st ID, MHI.

[59] John Khoury, *Love Company, L Company, 399th Infantry Regiment, of the 100th Infantry Division during World War II and Beyond* (Maywood, NJ: Chi Chi Press, 2003), 87. 也可参看 Morris Courington, *Cruel Was the Way* (Park Forest, IL: Velletri Books, 2000), 22—23, 118。

[60] Fernand Pistor, *Correspondances de guerre : de Tunis à Marseille avec les troupes franaises d'Afrique du Nord, mai 1943—aôut 1944* (Pau: Les amis de Fernand Pistor, 1978), 92, testimony of Chester Wilmot, in *The War on Land*, ed. Lewin, 259.

[61] Harpur, *Impossible Victory*, 57—58; Carter, *Those Devils*, 252; Schaps, *500 Days*, 98—99; Clayton, letter dated January 4, 1945, MHI; Mauldin, *Up Front*, 98. 还可参看 William McConahey, Battalion Surgeon (Rochester, MN: self-pub., 1966), 110。

[62] Jary, *18 Platoon*, 131.

[63] Greenwood, *D-Day to Victory*, 248. See also Michael Bilder, *Foot Soldier for Patton : The Story of a "Red Diamond" Infantryman with the U.S. Third Army* (Philadelphia: Casemate, 2008), 111.

[64] Rocco Moretto, WWII Survey, 1st ID, MHI.

［65］Leroy Stewart，"Hurry Up and Wait," 73，WWII Survey，1st ID，MHI。

［66］但美军声称，美军的机枪射速虽慢一点，但更精准。参看 F.B. No.181，"Automatic Weapons: American v. German," https://www.youtube.com/watch?v=Oyj-ZHXFKQI。

［67］Clayton，letter dated January 4，1945，WWII Survey，3rd ID，MHI. 还可参看 Russell Cloer，WWII Survey，3rd ID，MHI；testimony of George Taylor in Delaforce，*Fighting Wessex Wyverns*，117。

［68］John Davis，*Up Close: A Scout's Story: From the Battle of the Bulge to the Siegfried Line* (Bennington，VT: Merriam Press，2008)，92.

［69］Gammack，*Columns*，n.p.，最初见于 *Iowa Register*，November 19，1943。

［70］Peter Ryder，*Guns Have Eyes: One Man's Story of the Normandy Landings* (London: Robert Hale，1984)，105，123. 彼得·莱德是书中真实经历所有这些事件的士兵的假名，他的朋友乔治·B.内特帮他用这个假名讲述了他的故事。还可参看 Testimony of Mary Morris，in Marcus Cowper，*The Words of War: British Forces' Personal Letters and Diaries during the Second World War* (Edinburgh: Mainstream，2009)，382—383。

［71］Milo Green and Paul Gauthier，*Brickbats from F Company，and Other Choice Memorabilia Selections* (Corning，IA: Gauthier，1982)，174. 同样可参看 Humphrey，*Once upon a Time*，80。

［72］L.C.Pinner，*A Conscript at War* (Salisbury，UK: self-pub.，1998)，116；Chamson，*La Reconquête*，113.

［73］Carter，*Those Devils*，81. 关于这一点，还可参看 Coley，*A Little Bit of War*，31；and Scriven，*Regimental Stretcher Bearers*，23，27—28。

［74］Freeman-Attwood，16，IWM；Evans，45，104，IWM；Peter Bepulsi，*A GI's View of World War II* (Salem，MO: Globe，1997)，29.

［75］Henry Deloupy，*Les blindés de la Libération* (Paris: Service Historique de l'Armée de Terre，1991)，52.

［76］Bepulsi，*A GI's View*，171，254；Kotlowitz，*Before Their Time*，137，140. 关于这一点，还可参看 Delaforce，*Red Crown and Dragon*，38；and Sean Longden，*To the Victor the Spoils*，9—10。

［77］Navard，*La Libération*，65 & 233。

［78］Schröder，*Nur ein Kriegstagebuch*，158.

［79］Frankel and Smith，*Patton's Best*，87，99，112；Deloupy，*Les blindés de la Libération*，120.

［80］Robert T.Gravlin，"World War II as a Combat Engineer with the Third Armored Division," 8，WWII Survey，3rd AD，MHI；Burgett，*Seven Roads to Hell*，2，138；Longden，*To the Victor*，7—8.

［81］Scriven，*Regimental Stretcher Bearers*，8—9.

［82］Testimony of Bill Scully，in *War on the Ground*，ed. Bruce，155—156；Freeman-Attwood，26，IWM.

［83］Isherwood, quoted in Delaforce, *Red Crown and Dragon*, 161; Jary, *18 Platoon*, 131; Robin Cross, *True Stories of WWII* (London: Michael O'Mara Books, 1994), 187.

［84］Testimony of Robert C.Conroy in *In Their Own Words*, ed. Agulnick et al., 47; Dale Lundhigh, *Show Me the Hero: An Iowa Draftee Joins the 90th Infantry Division during WW II in Europe* (Bloomington, IN: AuthorHouse, 2009), 109; Knappe, quoted in Stephen G.Fritz, *Frontsoldaten: The German Soldier in World War II* (Lexington: University Press of Kentucky, 1995), 34.

［85］关于在意大利的这个问题，参看 "The Diarrheal Diseases," *Preventive Medicine Bulletin* ♯2 (July 14, 1944), 700—823, Record Group 338, Records of Army Commands, Fifth Army, Adjutant General Section, General Correspondence, National Archives and Records Administration。还可参看 William McConahey, *Battalion Surgeon* (Rochester, MN: self-pub., 1966), 109; Bernard Friedenberg, *Of Being Numerous: World War II as I Saw It: Medical Detachment, 1st Battalion, 16th Regiment, 1st U.S. Infantry Division* (Pomona, NJ: Holocaust Resource Center, Richard Stockton College of New Jersey, 2008), 70, 其中弗里斯登伯格回忆道："至于餐具，我们拿到的只有一个小勺子，我们把它插在靴子里。用完勺子后，我们会抓一把土把勺子上的油擦掉。我们有这么多人患痢疾很奇怪吗？"

［86］Fussell, *Wartime*, 254.

［87］Richard M.Stannard, *Infantry: An Oral History of a World War II American Infantry Battalion* (New York: Twayne, 1993), 65; Graham A.Cosmas and Albert E.Cowdry, *The Medical Department: Medical Service in the European Theater of Operations* (Washington, DC: Center of Military History, US Army, 1992), 235, 543. 还可参看 Jack Welch's diary, dated January 17, 1945, in Welch, *Battalion Surgeon: A Combat Journal* (Fresno, CA: self-pub., 1996), 213。

［88］Jack Capell, Surviving the Odds: From D-Day to VE-Day with the 4th Division in Europe (Claremont, CA: Regina Books, 2007), 162. 关于诺曼底的同一情况，参看 Longden, *To the Victor*, 159。

［89］Testimony of Harry Jubelirer and testimony of William Condon, in *In Their Own Words*, ed. Agulnick et al., 71, 22; Whiting, *Battle of Hurtgen Forest*, 6. 还可参看 Charles Whiting, *Poor Bloody Infantry* (Staplehurst, UK: Spellmount, 2007), 233。

［90］Longden, *To the Victor*, 229.

［91］William Wharton, *A Midnight Clear* (New York: HarperCollins, 1982), 112.

［92］George W. Neill, *Infantry Soldier: Holding the Line at the Battle of the Bulge* (Norman: University of Oklahoma Press, 2000), 112. 关于这一点，还可参看一名英国机枪手的案例，Private Papers of P. G. Thres, "Memoirs, 1940—1946," 28, IWM。

［93］ Whittaker, *Foxhole Promises*, 38; Lundhigh, *Show Me the Hero*, 116; Paul E. Cunningham, ed., *Freezing in Hell: World War II, Ardennes: Battle of the Bulge, December 16, 1944-January 25, 1945* (Salisbury, MD: P. E. Cunningham, 1998), 136.

［94］ Testimony of Robert Conroy, in *In Their Own Words*, ed. Agulnick et al., 41. 同样参看 Bill Jardine, *Number, Rank and Name* (Suffolk, UK: Fine Publishing, 1990), 100; the testimony of Nick Cutcliffe, in Delaforce, *Red Crown and Dragon*, 62。

［95］ Coley, *A Little Bit of War*, 36; Kotlowitz, *Before Their Time*, 120.

［96］ George Biddle, *Artist at War* (New York: Viking, 1944), 240; Wharton, *Midnight Clear*, 35, 112; testimony of Robert Conroy, in In Their Own Words, ed. Agulnick et al., 41, 46; Lewin, The War on Land, 176; Bilder, Foot Soldier for Patton, 176; Stephen W. Dyson, Twins in Tanks: East End Brothers-in-Arms, 1943—1945 (London: Imperial War Museum, 1994), 65.

［97］ Reddish, *Normandy 1944*, 69—70.

［98］ Quoted in Longden, *To the Victor*, 153.

［99］ Evans, 104, IWM. 几天后, 一辆坦克从一头死牛身上轧了过去, 结果牛肠子溅了弗兰克一身, 他的战友们再次帮他做了清理。埃文斯回忆, 后来在火堆旁, "弗兰克过来的时候, 大家拿他被牛肠子溅了一身的事开玩笑, 但谁也没有提及他大便失禁的事"。

［100］ Pearce, quoted in Delaforce, Fighting Wessex Wyverns, 46. 同样参看 Green and Gauthier, Brickbats from F Company, 197。

［101］ Official, quoted in Whiting, *Poor Bloody Infantry*, 201; *Stars and Stripes*, November 1944, quoted in Whiting, 200.

［102］ Quoted in Whiting, 201.

［103］ Pistor, *Correspondances de guerre*, 60; Michelet, *La flamme de la revanche*, 329; Herbert, 29, IWM; Private Papers of R. Walker, "The Devil of a War," 17, IWM(这是讲述诺曼底而非突出部战役的回忆录)。

［104］ Charles B. MacDonald, *Company Commander* (Washington, DC: Infantry Journal Press, 1947), 34; Rick Atkinson, *The Guns at Last Light: The War in Western Europe, 1944—1945* (New York: Henry Holt, 2013), 170; Walker, "The Devil of a War," 17, IWM.

［105］ 有关味道的文化意义, 参看 Jeffrey M. Pilcher, "The Embodied Imagination in Recent Writings on Food History," American Historical Review 121, no.3 (October 2016): 861—887; David Howes, "Introduction: Empires of the Senses," in *Empire of the Senses: The Sensual Culture Reader*, ed. David Howes (Oxford: Oxford University Press, 2005), 11; Priscilla Parkhurst Ferguson, "The Senses of Taste," *American Historical Review* 116, no.2 (April 2011):371—384。

［106］ Paul Fussell, "My War," in *The Boy Scout Handbook and Other Observations* (New York: Oxford University Press, 1982), 46. 德军的情况也一样, 他们常常在

家信中事无巨细地描述吃到的美餐。例如参看 Hans Joachim-S to his wife, July 9，1944，and Hans Stock to his family，January 17，1944，Museumsstiftung Post und Telekommunikation，Briefsammlung，Feldpost Zweiter Weltkrieg。

［107］ "Chow," *Red Bulletin*，May 26，1945.

［108］ *45th Division News*，October 21 and November 6，1943.

［109］ Navard，*La Libération*，91.

［110］ Piboule，*Du Maroc*，27；Private Papers of J.A.Garrett，diary entry of December 25，1944，IWM.

［111］ Private Papers of Lieutenant Colonel W.S.Brownlie，letter dated December 25，1944，IWM；Atwell，*Private*，101；Private Papers of L.F.Roker，IWM；James Graff，*Reflections of a Combat Infantryman：A Soldier's Story of C. Co. 134th Inf. 35th Div.*（self-pub.，1977），21.

［112］ 例如参看 *45th Division News*，December 11，1943；G.D.Sheffield，*Leadership in the Trenches：Officer-Man Relations，Morale and Discipline in the British Army in the Era of the First World War*（London：Macmillan，2000），142。

［113］ McIlroy，quoted in Humphrey，*Once upon a Time*，108；Bill Mauldin Papers，undated speech，Speeches，box 8，Library of Congress；Honey，quoted in Humphrey，109.

［114］ Stewart，"Hurry Up and Wait," 82，MHI；Davis，*Up Close*，68；Gantter，*Roll Me Over*，13.

［115］ Bahr，*Kriegsbriefe，Gefallener Studenten*，letter dated December 22，1944，430—431.

［116］ Hubert Gees，"Recollections of the Huertgen Forest：A German Soldier's Viewpoint," unpublished ms. excerpted in Huey E.Tyra，*Love Always，Ben：The Story of a Young World War II Soldier Who Gave His Life for God，Family and Country*（Gastonia，NC：P & H Publications，2002），174；diary entry of Erich Nies，in Hans Dollinger，*Kain，wo ist dein Brüder? Was der Mensch im Zweiten Weltkrieg erleiden Mußte—dokumentiert in Tagebüchern und Briefen*（München：List Verlag München，1983），296—297.

［117］ Longden，*To the Victors the Spoils*，299.

［118］ Testimony of Scully in *War on the Ground*，ed. Bruce，164—165.

［119］ Harpur，*Impossible Victory*，96.

［120］ Private Papers of A.Glasspool，7，IWM；Harpur，*Impossible Victory*，96.

［121］ Roker，diary entry of November 6，1944，IWM；Longden，*To the Victor*，304.

［122］ Popeye，quoted in Stanley Whitehouse and George B.Bennett，*Fear Is the Foe：A Footslogger from Normandy to the Rhine*（London：Robert Hale，1995），95；Freeman Attwood，10，IWM.

［123］ Quoted in Longden，*To the Victor*，303.

［124］ Jarvis，quoted in Longden，*To the Victor*，299 300；testimony of Scully，in *War on the Ground*，ed. Bruce，164—165；Ryder，*Guns Have Eyes*，81.

[125] Bill Buemi, WWII Survey, 3rd ID, MHI; 还可参看 Bloom, MI II; 以及 Blunt, *Inside the Battle of the Bulge*, 11。

[126] Friedenberg, *Of Being Numerous*, 69.

[127] Erna Risch, The *Quartermaster Corps*: *Organization*, *Supply and Services*, vol.1, *United States Army in World War II*: *The Technical Services* (Washington, DC: Office of the Chief of Military History, Department of the Army, 1953), 130. 有关 C 口粮的较好的解释，可参看 Whiting, *Battle of Hurtgen Forest*, 52; and Smith, "When the Rubber Meets the Road," 3, MHI。

[128] Kline and Reagler, quoted in Humphrey, *Once upon a Time*, 64; Lawrence Collins, *The 56th Evac Hospital* (Denton: University of North Texas Press, 1995), 114—15. 至于英军的情况，彼得·莱德记得，"只有在极度饥饿和下一餐不一定能来的情况下，才会促使士兵碰军粮"。参看 Ryder, Guns Have Eyes, 91。也可看 Thomas Bleyler, WWII Survey, 45th ID, MHI。

[129] Atwell, *Private*, 119; Risch, *Quartermaster Corps*, 131; Collins, *The 56th Evac Hospital*, 114.

[130] Biddle, Artist at War, 172. 还可参阅 the Bill Mauldin cartoon in *Stars and Stripes*, August 29, 1944。

[131] Jean Raspaud, *Chronique et itinéraires de mes campagnes*, *1942—1945* (Paris: éditions des écrivains, 2000), diary entry of December 28, 1944, 129; Piboule, *Du Maroc*, 30; Deloupy, *Les blindés de la Libération*, 116; Henri Savournin, *Parachutiste avec la France combattante*, *1939—1945* (Paris: Barre & Dayez, 1985), 236; and Boverat, *Du Cotentin à Colmar*, 176.

[132] John C. Fisher and Carol Fisher, *Food in the American Military*: *A History* (Jefferson, NC: McFarland, 2011), 150.

[133] McMurdie, *Hey Mac*!, 115.

[134] Atwell, *Private*, 29; Julian Richard Jacobs, WWII Survey, 34th ID, MHI.

[135] Bloom, MHI; Snyder, *And When My Task*, diary entry of November 10, 1943, 77; Bepulsi, *A GI's View*, 241. 还可参看 Kellen Backer, "World War II and the Triumph of Industrialized Food" (PhD diss., University of Wisconsin-Madison, 2012), 59—60. 通过对每种食物制定"明细要求"实现了标准化，从而即使在不同的工厂制造，食物仍旧完全一样。

[136] Courington, *Cruel Was the Way*, 40; Mauldin, *Up Front*, 172.

[137] US Army, *Basic Field Manual*, *Soldier's Handbook* (Washington, DC: War Office, 1941), 228.

[138] Fisher and Fisher, *Food in the American Military*, 148. 还可参看 Backer, "World War II and the Triumph of Industrialized Food," 68。

[139] Testimony of Gerald Creehan in Courington, *Cruel Was the Way*, 119; McDaniel, quoted in Humphrey, *Once upon a Time*, 64; Longden, *To the Victor*, 304; B.A. Jones, *A Journey from Blandford*: *A Chronicle of Personal Experiences from 1939—1946* (Fontwell, Sussex, UK: Woodfield, 1994), 109—111.

［140］Backer，"World War II and the Triumph of Industrialized Food," 70.

［141］Backer，75—76，53. 还可参看 Camille Begin，"Partaking of Choice Poultry Cooked à la Southern Style: Taste and Race in the New Deal Sensory Economy," *Radical History Review* 110（May 2011）: 127—153。

［142］Longden，*To the Victor*，309. 关于如何获取新鲜食物，还可参阅 Hills，*By Tank into Normandy*，98。

［143］Jones，*A Journey from Blandford*，105. 关于"英军的炊具"，参看 Scully in *War on the Ground*，ed. Bruce，165。关于自热汤，参看 Evans，59，IWM；Longden，*To the Victor*，304。布莱恩·霍罗克斯将军称，在给前线送热餐这方面，英军比美军成功得多。参看 Hills，By Tank into Normandy，199。

［144］Ryder，*Guns Have Eyes*，91；Charles E.Carpenter，*As I Remember: The Memoirs of a WWII Soldier*（self-pub.，2011），12.

［145］Stewart，"Hurry Up and Wait," 80，MHI；Ray Rulis，"A Rifleman's Story," in *In Their Own Words*，ed. Agulnick et al.，131；Reburn，quoted in Humphrey，*Once upon a Time*，108.

［146］Leroy Coley，WWII Survey，75th ID，MHI. 还可参看 Smith，"When the Rubber Meets the Road," 48，MHI；Clayton，letter dated January 4，1945，MHI；Fisher and Fisher，*Food in the American Military*，159—160；and Mauldin，*Up Front*，168。

［147］J.J.Kuhn，*I Was Baker 2: Memoirs of a World War II Platoon Sergeant*（West Bend，WI: DeRaimo，1994），146.

［148］Private Papers of C.Newton，18，IWM. 还可参看 Longden，*To the Victor*，301。

［149］Dyson，*Twins in Tanks*，54；Mauldin，*Up Front*，171.

［150］Carter，*Those Devils*，176. 比尔·莫尔丁曾说："如果包装上有成分清单，前线士兵会读 K 口粮上的标签。不为别的，就为了读点什么。"*Up Front*，25，47.

［151］保罗·富塞尔形容战争期间的步兵生活是一种"前所未有的无聊经历"。参看 Fussell，Wartime，77。

［152］Bepulsi，*A GI's View*，194.

［153］Wharton，*Midnight Clear*，17；Todd DePastino，*Bill Mauldin: A Life Up Front*（New York: W.W.Norton，2008），142.

［154］Friedenberg，*Of Being Numerous*，112—113；Millek，quoted in Stannard，*Infantry*，19；Grady P.Arrington，*Infantryman at the Front*（New York: Vantage Press，1959），52.

［155］Gerald Kersh，*Clean，Bright and Slightly Oiled*（London: William Heinemann，1946），62. 还可参看 Private Papers of A.A.Southam，1，IWM，其中他说："在六周的基础训练后，我被评定为具备成为步兵的资格，而这一调动所需要的智商是负分。"

［156］Gantter，*Roll Me Over*，12.

［157］甘特效力于第 1 步兵师第 16 步兵团 G 连。该师从 1944 年 12 月 17 日到

1945 年 1 月 28 日持续参与了突出部战役（又称"阿登战役"）。

[158] Robert Bowen, *Fighting with the Screaming Eagles: With the 101st Airborne from Normandy to Bastogne* (London: Greenhill Books, 2001), 17.

[159] William Kunz, "Italy—50 Years Ago," 28, WWII Survey, 3rd ID, MHI.

[160] Burgett, *Seven Roads to Hell*, 136; Smith, 18—19, MHI; Private Papers of J.M. Thorpe, pocket diary, 123, IWM (Thorpe survived his wounds); John Horne Burns, "The Trenchfoot of Michael Patrick," in *The Gallery* (1947; repr., New York: New York Review of Books, 2004), 12.

[161] John T.Jones, "Personal Experience," 1, WWII Survey, 3rd AD, MHI. Schaps, *500 Days*, 81; Reeder, quoted in Stannard, *Infantry*, 199; Private Papers of E.A. Horrell, IWM. 霍雷尔是在重述锡德·卡彭特讲述的关于博维·特雷西的故事。

[162] R.M.Wingfield, *The Only Way Out: An Infantryman's Autobiography of the North-West European Campaign, August 1944-February 1945* (London: Hutchinson, 1955), 186.

[163] Roscoe C.Blunt Jr., *Foot Soldier: A Combat Infantryman's War in Europe* (Cambridge, MA: Da Capo Press, 2002), 118.

[164] Frankel and Smith, *Patton's Best*, 89.

[165] Quoted in Whiting, *Battle of Hurtgen Forest*, 25.

[166] Pamer, quoted in Mark Harrison, *Medicine and Victory: British Military Medicine in the Second World War* (Oxford: Oxford University Press, 2004), 174.

[167] Ryder, *Guns Have Eyes*, 151—152. 还可参看 Private Papers of Captain D.H. Deane, diary entry of November 18, 1944, IWM; Harrison, *Medicine and Victory*, 175。关于美军对这个问题的处理方法，参看 Albert E.Cowdry, *Fighting for Life: American Military Medicine in World War II* (New York: Free Press, 1994), 137—138, 142. 药物镇定、休息和食物是美国军医对战斗疲劳的解决办法，"战斗疲劳"一词是美军向英国第 8 军借用的说法。还可参看 Cosmas and Cowdry, The Medical Department, 235, 336。

[168] Petty, quoted in Delaforce, *Red Crown and Dragon*, 65; Courington, *Cruel Was the Way*, 48, 53; Mauldin, *Up Front*, 42; Edward Arn, *Arn's War: Memoirs of a World War II Infantryman, 1940—1946* (Akron, OH: University of Akron Press, 2006), 133; Schaps, *500 Days*, 104. 关于精疲力竭的士兵，参看 Joanna Bourke, "Killing Frenzy: Wartime Narratives of Enemy Action," in *No Man's Land of Violence: Extreme Wars of the Twentieth Century*, ed. Alf Lüdtke and Bernd Weisbrod (Göttingen: Wallstein Verland, 2006), 105。

第二章

[1] Captain Harry C.Butcher, *My Three Years with Eisenhower* (New York: Simon and Schuster, 1946), 801. 根据 1945 年 2 月 26 日的《时代》杂志报道，陆军中将约翰·C.H.李也要求《星条旗报》禁止刊登这组漫画，因为"莫尔丁笔下疲

急邋遢的士兵不合李将军的口味，他们过于不修边幅，不符合士兵的形象"。同事们劝阻了李的这一想法。关于莫尔丁赞扬艾森豪威尔让《星条旗报》至少在一定程度上独立于军队的举动，参见未标明日期的演讲，Speeches, box 8，Bill Mauldin Papers（hereafter BMP），Library of Congress。关于这个话题还可参看 Andy Rooney，*My War*（New York：Public Affairs，1995），70。

[2] *Time*，March 26，1945. 这篇报道由威尔·朗所写。为了抢到这个独家新闻，他当时在巴顿的门外等待莫尔丁。

[3] Solbert and Butcher, quoted in Bill Mauldin，*The Brass Ring*（New York：W.W. Norton，1971），248，255. 在《我的三年》（*My Three Years*）一书中，布彻在日记里用较温和的语气叙述了巴顿的话："那家伙在部队造成了不良影响，要是他踏入第 3 军的区域，我会把他扔进监狱关一个月。"（第 774 页）打这通电话的时候莫尔丁在布彻的办公室里，所以他听到了两人的对话。

[4] Butcher，*My Three Years*，774.

[5] Mauldin，*Brass Ring*，247—256，259—261.

[6] Paul Fussell，*Wartime*：*Understanding and Behavior in the Second World War*（New York：Oxford University Press，1989），82.

[7] Butcher，*My Three Years*，801，773—775；Mauldin，quoted in *Time*，March 26，1945.

[8] *45th Division News*，February 22，1944.

[9] Stephen E.Ambrose，foreword to Bill Mauldin，*Up Front*（New York：W.W.Norton，2000）v，x. 莫尔丁的官方传记作者是托德·德帕斯帝诺，他著有《比尔·英尔丁：前线的一生》（*Bill Mauldin*：*A Life Up Front*，New York：W.W. Norton，2008）。提到莫尔丁的有 Brianna Buljung，"From the Foxhole：American Newsmen and the Reporting of World War II," *International Social Science Review* 86，nos.1—2（2011）：44—64。还可参看 Karen Jensen，"The Best of Willie and Joe," *World War II* 22，no.9（January/February 2008）：38—43。

[10] Ernie Pyle with David Nichols，*Ernie's War*：*The Best of Ernie Pyle's World War II Dispatches*（Norwalk，CT：Easton Press，2000），197.

[11] Grady P.Arrington，*Infantryman at the Front*（New York：Vantage Press，1959），73—74.

[12] 关于纽约情况，参看 Catherine McNeur，*Taming Manhattan*：*Environmental Battles in the Antebellum City*（Cambridge，MA：Harvard University Press，2014）。关于伦敦的情况，参看 Eric Hopkins，*Industrialization and Society*：*A Social History*，*1830—1951*（New York：Routledge，2000）。关于巴黎的情况，参看 Michel Carmona，*Haussmann*：*His Life and Times*，*and the Making of Modern Paris*（Chicago：I.R.Dee，2002）。

[13] 关于清洁和污秽的经典人类学著作为 Mary Douglas，*Purity and Danger*：*An Analysis of Concepts of Pollution and Taboo*（London：Routledge and Kegan Paul，1966）。关于除臭一事，参看 Alain Corbin，*The Foul and the Fragrant*：*Odor and the French Social Imagination*（New York：Berg，1986）；Jonathan Reinartz，*Past*

Scents: Historical Perspectives on Smell (Urbana: University of Illinois Press, 2011); Robert Jütte, *A History of the Senses: From Antiquity to Cyberspace* (Cambridge, MA: Polity Press, 2005), 170—171. 马克·S.R.詹纳对除臭论题表示异议，可参看他的 "Follow Your Nose? Smell, Smelling, and Their Histories," *American Historical Review* 116, no.2 (April 2011): 335—351。

[14] 关于美国陆军和卫生的简史，参看 Aaron Belkin, "Spoiling for a Fight: Filth, Cleanliness and Normative Masculinity," in *Bring Me Men: Military Masculinity and the Benign Façade of American Empire, 1898—2001* (New York: Columbia University Press, 2012), 125—150。

[15] War Office, *Basic and Battle Physical Training, Part One, General Principles of Basic and Battle Physical Training, and Methods of Instruction* (London: War Office, 1944), 10; P.S.Bond, *Military Science and Tactics: Infantry Basic Course* (Washington, DC: P.S.Bond Publishing, 1944), 61, 82.

[16] 参看 Emma Newlands, "Preparing and Resisting the War Body: Training in the British Army," in *War and the Body: Militarisation, Practice and Experience*, ed. Kevin McSorley (London: Routledge, 2013), 3。

[17] *Basic Field Manual: Soldier's Handbook* (Washington, DC: US War Office, 1944), 203; Bond, *Military Science*, 44—45.

[18] John Leonard Foster and William Dilworth, Oral History Archive, Imperial War Museum (hereafter IWM), London. 还可参看 Private Papers of E.J.Rooke Matthews, IWM。鲁克-马修斯谈道，洗澡的时候很多新兵不得不共用一个盆里的水。

[19] Private Papers of Lieutenant Colonel W.S.Brownlie, IWM.

[20] Dilworth, Oral History Archive, IWM. 讽刺的是，莫尔丁自己不用刮胡子。

[21] David Holbrook, *Flesh Wounds* (London: Methuen, 1966), 51; Private Papers of H.C.Abrams, 4, IWM; George W.Neill, *Infantry Soldier: Holding the Line at the Battle of the Bulge* (Norman: University of Oklahoma Press, 2000), 15.

[22] Douglas Sutherland, *Sutherland's War* (London: Martin Secker and Warburg, 1984), 24; Anthony Cotterell, *What! No Morning Tea?* (London: Victor Gollancz, 1941), 31; Gerald Kersh, *Clean, Bright and Slightly Oiled* (London: William Heinemann, 1946), 62—63.

[23] Norman Smith, *Tank Soldier* (Sussex, UK: Book Guild, 1989), 25.

[24] Kersh, *Clean, Bright and Slightly Oiled*, 62—63.

[25] Bond, *Military Science*, 84, 86. 这些观念充斥在美国文化中。一位读者在当地报纸上看到《上前线》后抱怨："我们的士兵不像你画的那个样子，他们没有胡子拉碴，样子没那么吓人。他们是干净文明的美国人。" *Saturday Evening Post*, March 17, 1945.

[26] Mauldin, *Up Front*, 13.

[27] Milo Green and Paul Gauthier, *Brickbats from F Company, and Other Choice Memorabilia Selections* (Corning, IA: Gauthier, 1982), 168. 还可参看 Morris Courington,

Cruel Was the Way (Park Forest, IL: Velletri Books, 2000), 26—27。

[28] Georges Gaudy, *Combats libérateurs* (Lyon: H.Lardenchet, 1948), 59. 戈迪说的是第 34 "红牛"步兵师。Brian Harpur, *Impossible Victory: A Personal Account of the Battle for the River Po* (New York: Hippocrene Books, 1980), 81; W.A.Elliott, *Esprit de Corps: A Scots Guards Officer on Active Service, 1943—1945* (Norwich, UK: Michael Russell, 1996), 95; Fernand Pistor, *Correspondances de guerre: de Tunis à Marseille avec les troupes françaises d'Afrique du Nord, mai 1943-août 1944* (Pau: Les Amis de Fernand Pistor, 1978), 56.

[29] Ross S.Carter, *Those Devils in Baggy Pants* (New York: Appleton-Century-Crofts, 1951), 128. 关于在突出部战役中同样的现象，参看 Donald R.Burgett, *Seven Roads to Hell: A Screaming Eagle at Bastogne* (Novato, CA: Presidio Press, 1999), 156。

[30] Ralph B.Schaps, *500 Days of Front Line Combat: The WWII Memoir of Ralph B. Schaps* (New York: iUniverse, 2003), 104; 还可参看 Maurice Merrit, *Eighth Army Driver* (New York: Hippocrene Books, 1984), 118。关于德国士兵抱怨自身肮脏的内容，参看 Hubert Gees, "Recollections of the Huertgen Forest: A German Soldier's Viewpoint," unpublished ms. excerpted in Huey E.Tyra, *Love Always, Ben: The Story of a Young World War II Soldier Who Gave His Life for God, Family and Country* (Gastonia, NC: P & H Publications, 2002), 172; Hans Stock to his family, January 17, 1944, Museumsstiftung Post und Telekommunikation, Briefsammlung, Feldpost Zweiter Weltkrieg。

[31] Reagler, quoted in Robert E.Humphrey, *Once upon a Time in War: The 99th Division in World War II* (Norman: University of Oklahoma Press, 2008), 107.

[32] Carter, *Those Devils*, 128; Hans Stock to his family, January 17, 1944, Museumsstiftung Post und Telekommunikation, Briefsammlung, Feldpost Zweiter Weltkrieg.

[33] Carter, *Those Devils*, 189. 一年后，淋浴在英军和美军穿越法国和德国时也受到了欢迎。关于在意大利淋浴的更多信息，参看 *Yank: The Army Weekly*, October 15, 1944; John Clayton, letter dated December 18, 1943, World War II Survey (hereafter WWII Survey), 3rd Infantry Division (hereafter ID), US Army Military History Institute (hereafter MHI), Carlisle Barracks, PA; and Schaps, *500 Days*, 82。参看 Raymond Gantter, *Roll Me Over: An Infantryman's World War II* (New York: Ivy Books, 1997), 43; Donald J.Willis, *The Incredible Year* (Ames: Iowa State University Press, 1988), 101; Private Papers of B.F.Sully, 63, IWM。

[34] Private Papers of Captain D.H.Deane, 4—5, IWM; Private Papers of J.M.Thorpe, pocket diary, 122, 135, IWM; Richard Sanner, *Combat Medic Memoirs* (Clemson, SC: Rennas Productions, 1995), 93. 虽然所有人都乐意洗澡，但把身上洗干净是一个需要适应的过程。雷蒙德·甘特在信中告诉妻子，他洗完澡之后"要是身上没了污垢感觉还有点冷"。这话一半是玩笑，一半是事实。参看 Gantter, *Roll Me Over*, 43。

［35］ Sean Longden, *To the Victor the Spoils：Soldiers' Lives from D-Day to VE-Day* (London：Robinson，2007)，152. 朗登的叙述基于对第 21 军老兵的大量采访。

［36］ Stuart Mawson, Arnheim Doctor (Gloucester, UK：Spellmount，1981)，70.

［37］ Fussell, *Wartime*，82（富塞尔在法国作战，不是意大利）；Longden, *To the Victor*，205；Pistor, *Correspondances de guerre*，44—45；B.A.Jones, *A Journey from Blandford：A Chronicle of Personal Experiences from 1939—1946* (Fontwell, Sussex, UK：Woodfield，1994)，121；Patrick Delaforce, *Marching to the Sound of Gunfire：North-West Europe，1944—1945* (Phoenix Mill, UK：Sutton，1996)，101；Testimony of Wayne Kirby, in Courington, *Cruel Was the Way*，251。

［38］ Harpur, *Impossible Victory*，93. 关于这个问题，还可看看 Patrick Delaforce, *The Fighting Wessex Wyverns：From Normandy to Bremerhaven with the 43rd Wessex Division* (Stroud, UK：Sutton，1994)，191。

［39］ *45th Division News*，December 11，1943.

［40］ 莫尔丁还为《第 45 师新闻报》撰写过标题为"步兵说"的专栏。

［41］ Mauldin, undated speech, Speeches, box 8, BMP；Mauldin, *Brass Ring*，195.

［42］ *Saturday Evening Post*，March 17，1945. 在 S.B.Baskin, *Blood on the Olives：Sketches of Life with the 34th Bull Division* (n.p.：n.p.，［1946?］)中，巴斯金表示，洗漱干净是士兵去意大利休假的主要目的："对肮脏疲惫的士兵来说，洗个澡换身衣服，再加上能去佛罗伦萨这样美丽的城市转一转，让他想起自己以前在美国的生活。"(n.p.)

［43］ Mauldin, *Up Front*，78.

［44］ Maudlin, undated speech, Speeches, box 8, BMP.

［45］ Quoted in Mark M.Smith, *Sensing the Past：Seeing，Hearing，Smelling，Tasting，and Touching in History* (Berkeley：University of California Press，2007)，66.

［46］ 关于美国步兵中工人阶层的成分，参看 DePastino, *Bill Mauldin*，142—143。当过步兵的文学评论家保罗·富塞尔形容他所属的师包括"乡下佬和流动工人，辍学者和二手车推销员，以及小罪犯"。参看 Paul Fussell, "My War," in *The Boy Scout Handbook and Other Observations* (New York：Oxford University Press，1982)，254。关于英国步兵，参看 Alan Allport, *Browned Off and Bloody-Minded：The British Soldier Goes to War，1939—1945* (New Haven, CT：Yale University Press，2015)，208—213。

［47］ 有关肮脏、种族和阶层的偏见，参看（还有许多其他资料）Thomas Richards, *The Commodity Culture of Victorian England：Advertising and Spectacle，1851—1914* (Stanford, CA：Stanford University Press，1991)，chap.3；Anne McClintock, *Imperial Leather：Race，Gender and Sexuality in the Colonial Context* (New York：Routledge，1995)，chap.5；Timothy Burke, *Lifebuoy Men，Lux Women：Commodification，Consumption，and Cleanliness in Modern Zimbabwe* (Durham, NC：Duke University Press，1996)。

［48］ Mauldin, *Up Front*，8，35，16.

[49] *Stars and Stripes*, February 22, 1945; Don Robinson, *News of the 45th* (Norman: University of Oklahoma Press, 1944), 107.

[50] *Stars and Stripes*, January 18, 1945; June 21, 1944.

[51] Mack Bloom, "Air Raid," WWII Survey, 3rd ID, MHI; *Stars and Stripes*, October 25, 1944; Peter Schrijvers, *The Crash of Ruin: American Combat Soldiers in Europe during World War II* (New York: New York University Press, 1998), 4.

[52] *Stars and Stripes*, April 29, 1944.

[53] *Stars and Stripes*, February 10, 1944.

[54] *45th Division News*, January 22, 1944.

[55] Time, June 18, 1945; Mauldin, undated speech, Speeches, box 8, BMP; Mauldin, *Up Front*, 28.

[56] 爱德华·C.瑟曼在写给比尔·莫尔丁的信中说道: "我认为你向公众展现了步兵遭受的艰难困苦, 并且不逊色于任何人。" Mauldin, Correspondence, "T Miscellaneous," box 6, BM.

[57] Mauldin, *Up Front*, 5.

[58] Bill Mauldin and Todd DePastino, *Willie and Joe: The World War II Years* (Seattle: Fantagraphics, 2011), 42; *Time*, November 6, 1944; Undated copies of "Star Spangled Banter" from the *45th Division News*, box 13, BMP.

[59] 厄尼·派尔为《星条旗报》和许多其他美国报纸撰写文章。参看派尔的经典著作 *Brave Men* (New York: H.Holt, 1944); Pyle with Nichols, *Ernie's War*。

[60] Letter of Omar Bradley to Bill Mauldin, undated (early 1945), Correspondence, box 2, BMP. G. 美国士兵常常将莫尔丁和派尔联系在一起, 视二人为"他们的"漫画家和专栏作家。例如参看二等兵查尔斯·M.萨尔曼于 1945 年 4 月 18 日写给莫尔丁的信, 当时派尔刚在冲绳去世, 他请求莫尔丁创作一期悼念派尔的《上前线》。 Correspondence, "S Miscellaneous," box 6, BMP. 还可参看 letter from Private Edward C.Thurman to Mauldin, undated, Correspondence, "T Miscellaneous," box 6, BMP。

[61] Pyle with Nichols, *Ernie's War*, 197—198; Will Lang, *Time*, November 6, 1944. 朗是《时代》杂志在欧洲战区的战地记者。关于美国记者在欧洲战区的更多信息, 参看 Buljung, "From the Foxhole"。

[62] Frederick Painton, *Saturday Evening Post*, March 17, 1945.

[63] Letter from Lt. Bach to Mauldin, dated December 29, 1944, Correspondence, "Stars and Stripes," box 6, BMP; undated letter from James P.Barney to Mauldin, Correspondence, "B Miscellaneous," box 2, BMP; letter from Alfred J.Kelly to Mauldin, March 30, 1945, Correspondence, "K Miscellaneous," box 4, BMP.

[64] *Time*, June 18, 1945.

[65] *Saturday Evening Post*, March 17, 1945.

[66] Anonymous, *A Woman in Berlin: Eight Weeks in the Conquered City* (New York: Picador, 2000), 19.

[67] John Horne Burns, "The Trenchfoot of Michael Patrick," in *The Gallery* (1947;

repr., New York: New York Review of Books, 2004), 37.

[68] 例如参看 Yank: The Army Weekly, January 21, 1945。

[69] J.G. Smith, In at the Finish: North-West Europe 1944/45 (Montreux: Minerva Press, 1995), 234.

[70] Mauldin, Up Front, 140.

[71] Stars and Stripes, February 4, 1944.

[72] Time, June 18, 1945.

[73] Stars and Stripes, November 14, 1944.

[74] 关于军队男子气概的观念, 参看 Belkin, Bring Me Men; and Thomas Kühne, The Rise and Fall of Comradeship: Hitler's Soldiers, Male Bonding and Mass Violence in the Twentieth Century (Cambridge: Cambridge University Press, 2017)(还有许多其他选择)。

[75] Stars and Stripes, February 24, 1944.

[76] Mauldin, Brass Ring, 185.

[77] Stars and Stripes, January 15, 1944. 在战后一场关于《上前线》的演讲中, 莫尔丁形容他的漫画是 "对一种愚蠢而伪善的阶级制度的嘲讽, 这种制度在 20 世纪的军队里毫无立足之地"。Undated speech, Speeches, box 8, BMP.

[78] Mauldin, Up Front, 35.

[79] Mauldin, Up Front, 35.

[80] Stars and Stripes, September 23, 1944.

[81] Robert Franklin, Medic! How I Fought World War II with Morphine, Sulfa, and Iodine Swabs (Lincoln: University of Nebraska Press, 2006), picture inset.

[82] Stars and Stripes, February 21, 1945; Mauldin and DePastino, Willie and Joe, 365; Mauldin, undated speech, Speeches, box 8, BMP.

第三章

[1] John Horne Burns, "The Trenchfoot of Michael Patrick," in The Gallery (1947; repr., New York: New York Review of Books, 2004), 3—4, 12. 伯恩斯曾在意大利作为陆军少尉效力于步兵团, 他的小说著于第二次世界大战结束后不久的 1947 年。

[2] Private Papers of A.A. Southam, Imperial War Museum (hereafter IWM), London; Private Papers of A.G. Herbert, 98, IWM.

[3] John Ellis, On the Front Lines: The Experience of War through the Eyes of the Allied Soldiers in World War II (New York: John Wiley and Sons, 1990), 180.

[4] Graham A. Cosmas and Albert E. Cowdry, The Medical Department: Medical Service in the European Theater of Operations (Washington, DC: Center of Military History, 1992), 489.

[5] Omar Bradley, A Soldier's Story (1951; repr., New York: Modern Library, 1999), 444—445; George Arnulf, Un Chirurgien dans la tourmente (Paris: Lavauzelle, 1981), 144.

［6］ Report of the General Board, United States Forces, European Theater, "Trench Foot (Cold Injury, Ground Type)," Study Number 94, Medical Section, 2—5.

［7］ Edward Arn, *Arn's War: Memoirs of a World War II Infantryman, 1940—1946* (Akron, OH: University of Akron Press, 2006), 143.

［8］ "抽象"的军事逻辑因不同的指挥阶层而各有差别。请参看我在《序》中的探讨。

［9］ Emma Newlands, "Preparing and Resisting the War Body: Training in the British Army," in *War and the Body: Militarisation, Practice and Experience*, ed. Kevin McSorley (London: Routledge, 2013), 35. 还可参看 Newlands, *Civilians into Soldiers: War, the Body and British Army Recruits, 1939—45* (Manchester: Manchester University Press, 2014); 以及 Ute Frevert, *A Nation in Barracks: Modern Germany, Military Conscription and Civil Society*, trans. Andrew Boreham (New York: Berg, 2004)。

［10］ Michel Foucault, *Discipline and Punish: The Birth of the Prison* (New York: Vintage Books, 1995), 135. 还可参看 Julian Reid, "Life Struggles: War, Discipline and Biopolitics in the Thought of Michel Foucault," *Social Text* 24, no. 1 (Spring 2008): 127—152; Daniel Ussishkin, *Morale: A Modern British History* (Chicago: University of Chicago Press, 2018)。

［11］ Bill Jardine, *Number, Rank and Name* (Suffolk, UK: Fine Publishing, 1990), 18.

［12］ Newlands, "Preparing and Resisting," 37.

［13］ P.S.Bond, *Military Science and Tactics: Infantry Basic Course* (Washington, DC: P.S. Bond Publishers, 1944), 86, 82.

［14］ War Office, *Basic and Battle Physical Training, Part One, General Principles of Basic and Battle Physical Training, and Methods of Instruction* (London: War Office, 1944), 22, 24.

［15］ Ian Hay, *The King's Service: An Informal History of the British Infantry Soldier* (London: Methuen, 1938), 239—256.

［16］ War Office, *Basic and Battle Physical Training*, 3.

［17］ John Guest, *Broken Images: A Journal* (London: Leo Cooper, 1949), 14; David Holbrook, *Flesh Wounds* (London: Methuen, 1966), 51.

［18］ 一份战时英国步兵手册的标题为"耐力训练"(London: War Office, 1945)。

［19］ War Office, *Basic and Battle Physical Training*, 5.

［20］ 肯尼思·T.麦克利什将这种对疼痛的漠视称为"麻醉"。参看他的"Armor and Anesthesia: Exposure, Feeling", 以及"the Soldier's Body," *Medical Anthropology Quarterly* 26, no.1 (2012):49—68。麦克利什在分析中引用了苏珊·巴克－莫尔斯对麻醉的理解,参看"Aesthetics and Anaesthetics: Walter Benjamin's Artwork Essay Reconsidered," October 62 (Autumn 1992):3—41。

［21］ Paul Fussell, *Doing Battle: The Making of a Skeptic* (Boston: Little, Brown, 1996), 76.

［22］ 保罗·富塞尔所述, Richard M.Stannard, *Infantry: An Oral History of a World*

War II American Infantry Battalion (New York: Twayne, 1993), xiv。

[23] Bernard Friedenberg, *Of Being Numerous: World War II as I Saw It: Medical Detachment, 1st Battalion, 16th Regiment, 1st U.S. Infantry Division* (Pomona, NJ: Holocaust Resource Center, Richard Stockton College of New Jersey, 2008), 94.

[24] Rocco Moretto, World War Two Survey Collection (hereafter WWII Survey), First Infantry Division (hereafter ID), US Army Military History Institute (hereafter MHI), Carlisle Barracks, PA; Eldred Banfield, Oral History Archive, IWM; Arn, *Arn's War*, 30.

[25] Thomas Packwood, Oral History Archive, IWM.

[26] Raymond Gantter, *Roll Me Over: An Infantryman's World War II* (New York: Ivy Books, 1997), 90; Michael Bilder, *Foot Soldier for Patton: The Story of a "Red Diamond" Infantryman with the U.S. Third Army* (Philadelphia: Casemate, 2008), 222.

[27] 1944 年 6 月，欧洲战场的主任医师告知陆军指挥官，照顾好脚是"对步兵团最重要的事"。Chief Surgeon, "Care of the Feet," June 22, 1944, Record Group (hereafter RG) 112, Office of the Surgeon General, National Archives and Records Administration (hereafter NARA). 同样参看 Chief Surgeon, "Care of the Feet," August 28, 1945, RG 112, NARA。

[28] Edward D.Churchill, *Surgeon to Soldiers: Diary and Records of the Surgical Consultant Allied Force Headquarters, World War II* (Philadelphia: J.B.Lippincott, 1972), 282; Bond, Military Science, 85.

[29] Banfield, Oral History Archive, IWM.

[30] Stephen W.Dyson, *Twins in Tanks: East End Brothers-in-Arms, 1943—1945* (London: Imperial War Museum, 1994), 144; John Majendie, quoted in Patrick Delaforce, *The Fighting Wessex Wyverns: From Normandy to Bremerhaven with the 43rd Wessex Division* (Stroud, UK: Sutton, 1994), 82.

[31] Peter Ryder, *Guns Have Eyes: One Man's Story of the Normandy Landings* (London: Robert Hale, 1984), 139; Milo Green and Paul Gauthier, *Brickbats from F Company, and Other Choice Memorabilia Selections* (Corning, IA: Gauthier, 1982), 171; Nat Frankel and Larry Smith, *Patton's Best: An Informal History of the 4th Armored Division* (New York: Hawthorn Books, 1978), 83. 关于行走的问题，还可参看 Stanley Smith, "When the Rubber Meets the Road," 3rd ID, MHI; Wayne Harris, WWII Survey, 45th ID, MHI; George Biddle, *Artist at War* (New York: Viking, 1944), 211; William Warren Fee, *With the Eleventh Armored Division in the Battle of the Bulge: A Retrospective Diary* (Silver Spring, MD: self-pub., 1999), 53; Robert Strong Snyder, *And When My Task on Earth Is Done: The Day by Day Experiences of a Christian Written in His Diary Which Was Sent Home by the War Department* (Kansas City, MO: Graphic Laboratory, 1950), 99—100。

[32] Biddle, *Artist at War*, 211; L.C.Pinner, *A Conscript at War* (Salisbury, UK: self-pub., 1998), 119; General Alexander, quoted in *London Times*, March 16, 1944;

Arnold Whittaker, *Foxhole Promises: Stories from WWII Foxholes* (Marietta, GA: Deeds, 2011), 166.

［33］Donald J.Willis, *The Incredible Year* (Ames: Iowa State University Press, 1988), 97.

［34］Brian Harpur, *Impossible Victory: A Personal Account of the Battle for the River Po* (New York: Hippocrene Books, 1980), 88; Ryder, *Guns Have Eyes*, 153; Harpur, *Impossible Victory*, 37; R.W.Thompson, *Men under Fire* (London: Macdonald, n.d.), 75; 还可参看 53, 86—87, 94, 96。

［35］Dyson, *Twins in Tanks*, 144—145.

［36］Walter Bernstein, *Keep Your Head Down* (New York: Viking, 1941—1946), 148—149 (伯恩斯坦是随军记者); Donald R.Burgett, *Seven Roads to Hell: A Screaming Eagle at Bastogne* (Novato, CA: Presidio Press, 1999), 222; Private Papers of Leroy Stewart, "Hurry Up and Wait," 67, WWII Survey, 1st ID, MHI。

［37］关于法国士兵受的苦, 参看 Jean Navard, *La Libération avec les chars: du débarquement en Provencejusqu' à Ulm, 15 août 1944—8 mai 1945 avec la 1re Armée française* (Paris: Nouvelles éditions latines, 1980), 198, 227。

［38］Papers of G.F.R.House, letters dated November 13 and December 12, 1943, IWM; testimony of Bill Scully, in *War on the Ground, 1939—1945*, ed. Colin John Bruce (London: Constable, 1995), 164; Hans Bähr, *Die Stimmen des Menschen: Briefe und Augzeichnungen aus der ganzen Welt, 1939—1945* (München: R.Piper, 1966), entry dated March 15, 1944, 501; Ross S.Carter, *Those Devils in Baggy Pants* (New York: Appleton-Century-Crofts, 1951), 95, 98.

［39］John Clayton, letter dated December 18, 1943, WWII Survey, 3rd ID, MHI. 关于其他对雨和泥巴的抱怨, 参看 William Kunz, "Italy—50 Years Ago," WWII Survey, 3rd ID, MHI; and Biddle, *Artist at War*, 228。

［40］Leonard J.Dziaba, WWII Survey, 8th ID, MHI; Maurice Piboule, *Du Maroc au Voralberg via Roma, 1942—1945: Journal de guerre d'un artilleur* (［Montluçon?］: self-pub., ［1995?］), 33. 皮布勒在第二次世界大战结束 50 年后的一个德国餐厅里发现了这本日志, 作者未知。

［41］Jack Swaab, *Field of Fire: Diary of a Gunner Officer* (Phoenix Mill, UK: Sutton, 2005), 183; Hubert Gees, "Recollections of the Hurtgen Forest: A German Soldier's Viewpoint," unpublished ms. excerpted in Huey E.Tyra, *Love Always, Ben: The Story of a Young World War II Soldier Who Gave His Life for God, Family and Country* (Gastonia, NC: P & H Publications, 2002), 171.

［42］Private Papers of A.Marshall, 113, IWM; Piboule, *Du Maroc*, 70; George Taylor, *Infantry Colonel* (Worcester, UK: self-pub., 1990), 155—156.

［43］Hans Dollinger, *Kain, wo ist dein Bruder? Was der Mensch im Zweiten Weltkrieg erlieden Mußte—dokumentiert in Tagebüchern und Briefen* (München: List Verlag München, 1983), 294. 还可参看同一本文集中士兵鲁迪·布里尔(Rudi Brill)的节选, 304—305。关于德军对寒冷的看法, 参看 Hans von Luck, *Panzer Commander: The Memoirs of Colonel Hans von Luck* (New York: Dell, 1980), 222,

228。关于法军对寒冷的观点，参看 Pierre Scherrer, *Royal Morvan*：*infanterie 1944*（Paris：Atelier alpha bleue，1990），118；Henri Savournin, *Parachutiste avec la France combattante*，*1939—1945*（Paris：Barre & Dayez，1985），206。

[44] Willy Schröder, *Nur ein Kriegstagebuch*：*Rein menschliche Reflektionen*（Baden-Baden：Verlag Presse Informations Agentur，1982），133，155.

[45] John M.Coleton Jr., "A Battlefield Pledge Fullilled ... Forty Years Later," 20，WWII Survey，87th ID，MHI. 关于恶劣的严寒，还可参看 testimony of Robert Conroy, in *In Their Own Words*：*The Battle of the Bulge as Recorded by Members of Company C*，ed. S.Agulnick，W.R.Condon，R.G.Conroy，and A.L.Bogardus（self-pub.，1996），45；Stewart, "Hurry Up and Wait," 80，MHI；Willis, *Incredible Year*，91. Willis calls his chapter on the Ardennes "The Frozen Hell"。还可参看 Paul Cunningham, *Freezing in Hell*：*World War II*，Ardennes：*Battle of the Bulge*，*December 16*，*1944-January 25*，*1945*（Salisbury，MD：self-pub，1998）。

[46] Robert T.Gravlin, "World War II as a Combat Engineer with the Third Armored Division," 24，WWII Survey，3rd Armored Division（hereafter AD），MHI；John Davis, *Up Close*：*A Scout's Story*：*From the Battle of the Bulge to the Siegfried Line*（Bennington，VT：Merriam Press，2008），67；还可参看 George W. Neill, *Infantry Soldier*：*Holding the Line at the Battle of the Bulge*（Norman：University of Oklahoma Press，2000），106—107。

[47] Gantter, *Roll Me Over*，108—109；Herbert，79—80，IWM. 关于英国士兵的经历，参看 Robert Boscawen, *Armoured Guardsmen*：*A War Diary from Normandy to the Rhine*（South Yorkshire，UK：Pen and Sword，2010），132—133。还可参看 Neill, Infantry Soldier，95。

[48] William F.McMurdie, *Hey，Mac！This Is Serious Business！A Guy Could Get Killed！*（Gig Harbor，WA：Red Apple，2000），111；Norman Smith, *Tank Soldier*（Sussex，UK：Book Guild，1989），161. 关于寒冷天气还可参看 Patrick Delaforce, *Red Crown and Dragon*：*53rd Welsh Division in North-West Europe*，*1944—1945*（Brighton，UK：Tom Donovan，1996），141—143。

[49] Homer Ankrum, *Dogfaces Who Smiled through Tears*（Lake Mills，IA：Graphic，1987），336，365.

[50] 关于这一情况有很多"官方"叙述，请参看 US Army Ground Forces, *Prevention of Trench Foot and Frostbite*（Washington，DC：US Army War College，[1945?]），memo dated January 20，1945，MHI。

[51] 穿不上新靴子让美国兵 J.J.库恩感到沮丧，尽管它们比他平时穿的码数大一码半，尽管他整晚都把两只脚翘得高高的。J.J.Kuhn, *I Was Baker 2*：*Memoirs of a World War II Platoon Sergeant*（West Bend，WI：DeRaimo，1994），147.

[52] Leroy Coley, *A Little Bit of War*：*The Battle of the Bulge*（Centralia，WA：self-pub.，2003），34；Dick Jepsen, *A Crusader in Europe*（Manhattan，KS：self-pub.，1996），62；Henry Deloupy, *Les blindés de la Libération*（Paris：Service Historique de l'Armée de Terre，1991），112，diary entry of October 7，1944.

［53］许多人也因为晚上太累而没有脱鞋。W.S.布朗列还解释了这一做法的另一个原因。如果士兵半夜要去上厕所，穿上三双袜子再穿靴子"可能会让他拉到裤子里"。参看 Brownlie，76，IWM。

［54］Roscoe C.Blunt Jr.，*Inside the Battle of the Bulge*：*A Private Comes of Age*（Westport，CT：Praeger，1994），88；Private Papers of R.Walker，"The Devil of a War，" 19，IWM. Herbert，73，IWM.

［55］Testimony of Rodger Lawrence in *In Their Own Words*，ed. Agulnick et al.，85；Noble Gardner，quoted in Charles Whiting，*The Battle of Hurtgen Forest*：*The Untold Story of a Disastrous Campaign*（New York：Orion Books，1989），52.

［56］Frankel and Smith，*Patton's Best*，103.

［57］Office of the Chief of Military History，Department of the Army，*United States Army in World War II*，*The Technical Services*，*The Quartermaster Corps*：*Operations in the War against Germany*（Washington，DC：US Government Printing Office，1965），599—603.

［58］In the MHI's WWII Survey，例如可参看 Norman Maffei，45th ID；David Shanshuck，8th ID；Raymond Seidel，1st ID；Thomas P.Jacobs，3rd AD。In *In Their Own Words*，ed. Agulnick et al.，see testimonies of Robert Lawrence，83，and Richard Root，129。还可参看 McMurdie，*Hey，Mac！*，90。

［59］Neill，*Infantry Soldier*，109；General Board，"Trench Foot，" 2.

［60］Whittaker，*Foxhole Promises*，38.

［61］General Board，"Trench Foot，" 3.美军向英军学习了"擦油"或抛光的办法，为的是让军靴变得防水。

［62］Gantter，*Roll Me Over*，195.

［63］Clayton，letter dated December 18，1943，MHI.

［64］Testimonies of William Bomar and Robert Lawrence，in *In Their Own Words*，ed. Agulnick et al.，9，85.

［65］Testimony of Robert Lawrence，in *In Their Own Words*，ed. Agulnick et al.，83.

［66］Erna Risch，*The Technical Services*：*The Quartermaster Corps*：*Organization*，*Supply and Services*，vol.1（Washington，DC：Center of Military History，United States Army，1994），106.还可参看 General Board，"Trench Foot，" 8，文章指出，高层认为，在 1944 年秋天多雨的气候下，分配给士兵的军靴没有一双"完全令人满意"。

［67］美国陆军绝非对士兵的鞋子毫不在意或漠不关心，关于这一论点，参看 Rachel Gross，"From Buckskin to Gore-Tex：Consumption as a Path to Mastery in Twentieth-Century American Wilderness Recreation"（PhD diss.，University of Wisconsin-Madison，2017），118—120。

［68］Risch，*Technical Services*，104.相比德军的橡胶鞋底，法国百姓觉得美军的橡胶底更好，因为他们走路的时候不会产生声音。参看 Mary Louise Roberts，*What Soldiers Do*：*Sex and the American GI in World War II France*（Chicago：University of Chicago Press，2013），39。

［69］John Leonard Foster and Eldred Banfield, Oral History Archive, IWM. 参看 the General Board, "Trench Foot," 9, 其中美军承认, "就可获取的信息而言, 英国部队因为寒冷而导致伤情的发生率要远低于美国部队". 这归功于 "更优质的袜子和鞋子、完善的战斗轮换政策、严格的指挥监督, 以及个人防护措施的落实". 对英军军靴的抱怨依然存在。比尔·戴森吃了苦头之后才发现, 如果他把靴子放在坦克的热引擎上暖脚, 他的靴底会出现裂口。参看 Dyson, Twins in Tanks, 124. 戴维·埃文斯抱怨他的鞋底有裂缝, 不过他对新发的军靴感到很高兴。参看 Private Papers of D.Evans, 72, IWM。

［70］William F.Ross and Charles F.Romanus, The Technical Services: The Quartermaster Corps: Operations in the War against Germany (Washington, DC: Center of Military History, United States Army, 1994), 608. 还可参看 "Again, Trench Foot," Time, January 1, 1945, 38。

［71］Private Papers of Major Peter Pettit, "The Seine to VE Day," 40, IWM; Private Papers of Captain P.J.Cremin, letter to his wife, dated June 27, 1944, IWM; Sydney Jary, 18 Platoon (Surrey, UK: Sydney Jary Ltd., 1987), 88. 德国人也因为他们的靴子受到称赞, 例如可参看 Thomas P.Jacobs, WWII Survey, 3rd AD, 20, MHI。

［72］Ross and Romanus, Technical Services, 608. 作者指出, 战壕足的发生率很可能更高, 因为轻症状的病例往往没有上报。同时作者称, 英军轮换上前线的时间绝不会超过 48 小时, 这能防止士兵长期暴露在致病因素下。

［73］Taylor, Infantry Colonel, 156. 关于法军的情况可参看 Fernand Pistor, Correspondances de guerre: de Tunis à Marseille avec les troupes françaises d'Afrique du Nord, mai 1943-août 1944 (Pau: Les Amis de Fernand Pistor, 1978), 45。

［74］"Knitting Second World War and Postwar," Fashion, Dress and Clothing Collection (hereafter FDCC), box 3, LBY Eph.C. 10, IWM.

［75］FDCC, box 1, IWM. 还可参看 Coley, A Little Bit of War, 20。

［76］军需部门意识到, 袜子的供给是一个大问题。参看 Ross and Romanus, The Technical Services, 189。

［77］"With the Fifth Army," London Times, January 18, 1944. 该报还推测, 美军的袜子之所以很薄, 是因为美国人 "普遍" 有中央供暖。

［78］"Trenchfoot," November 29, 1944, AG 720, Health and the Prevention of Disease, Records of U.S. Army Operational, Tactical, and Support Organizations, Record Group (hereafter RG) 338, Records of US Army Commands, Fifth Army, Adjutant General Section, General Correspondence, NARA. 关于交换袜子的计划, 参看 "Exchange of Socks," Memorandum No.94, November 10, 1944, RG 338, Unit Histories, 1940—1967, Infantry Divisions, 1940—1967, box 3925, NARA。

［79］Ross and Romanus, Technical Services, 189.

［80］Robert Houston, D-Day to Bastogne: A Paratrooper Recalls World War II (Smithtown, NY: Exposition Press, 1980), 116.

[81] Bradley, *A Soldier's Story*, 445. 布拉德利表示为此次"疏于重视"士兵装备负责，他承认士兵对冬季战役"准备不足"。

[82] 很多人抱怨靴子不能充分地支持足弓，而且令脚在行军的时候大量出汗，站立不动时脚又会很快冻僵。参看 Neill, *Infantry Soldier*, 147；Demetrius Lypka, *A Soldier Remembers: A Memoir of Service in the 1st Infantry Division, 1941—1945* (Chicago: Cantigny First Division Foundation, 2007), 195；Russell Cloer, WWII Survey, 3rd ID, MHI；Moretto, MHI；Mitchell Kaidy, WWII Survey, 87th ID, MHI；Anthony Harlinski, WWII Survey, 36th ID, MHI；testimony of William Bomar in *In Their Own Words*, ed. Agulnick et al.；John Ingles, *A Soldier's Passage: The Personal Memoir of an Artilleryman in Patton's Third Army* (self-pub., 1986), 73；Robert E.Humphrey, *Once upon a Time in War: The 99th Division in World War II* (Norman: University of Oklahoma Press, 2008), 140—141. 军需部队和医疗勤务委员会意识到了极地靴子的这些问题，并试图做出改善。不幸的是，战争结束之前他们没能做出改变。参看 Risch, Technical Services, 106, 108；General Board, "Trench Foot," 6。

[83] Ross and Romanus, *Technical Services*, 189.

[84] 参看 testimony of Richard Wies in Whittaker, Foxhole Promises, 93。

[85] Bilder, *Foot Soldier for Patton*, 163—164.

[86] Gantter, *Roll Me Over*, 195.

[87] Neill, *Infantry Soldier*, 146；Jack Capell, *Surviving the Odds: From D-Day to VE-Day with the 4th Division in Europe* (Claremont, CA: Regina Books, 2007), 158.

[88] Charles Whiting, *Poor Bloody Infantry* (Staplehurst, UK: Spellmount, 2007), 233；Jepsen, *Crusader in Europe*, 62.

[89] Stewart, "Hurry Up and Wait," 91—92, MHI. 还可参看 "Winterwarfare," *Yank*, February 11, 1944；以及 Roscoe C. Blunt Jr., *Foot Soldier: A Combat Infantryman's War in Europe* (Cambridge, MA: Da Capo Press, 2002), 128。

[90] McMurdie, Hey, *Mac*!, 90.

[91] Ernie Pyle with David Nichols, *Ernie's War: The Best of Ernie Pyle's World War II Dispatches* (Norwalk, CT: Easton Press, 2000), 178.

[92] Richard Flemming, WWII Survey, 88th ID, MHI；Donald W. Lyddon, "My Memories of World War II," 28, WWII Survey, 28th ID, MHI.

[93] 关于这一点，参看 Bill Mauldin, *Up Front* (New York: W.W.Norton, 2000), 135—137。

[94] Ross and Romanus, *Technical Services*, 189.

[95] Lee Otts and Bruce Egger, WWII Survey, 26th ID, MHI.

[96] "Winterwarfare," *Yank*, February 11, 1944；Ross and Romanus, *Technical Services*, 602.

[97] Neill, *Infantry Soldier*, 250, 257—258；Mel Richmond and Jake Langston, quoted in Humphrey, *Once upon a Time*, 214；Capell, *Surviving the Odds*, 158.

[98] 同时，他们不想因为自己的软弱造成集体性死亡。参看 Thomas Kühne, "Pro-

tean Masculinity, Hegemonic Masculinity: Soldiers in the Third Reich," *Central European History* 51 (2018): 403。

[99] John Khoury, *Love Company*, *L Company*, *399th Infantry Regiment*, *of the 100th Infantry Division during World War II and Beyond* (Maywood, NJ: Chi Chi Press, 2003), 77. 关于这一点，还可参看 Humphrey, *Once upon a Time*, 111。

[100] Ryder, *Guns Have Eyes*, 151; Charles B. MacDonald, *Company Commander* (Washington, DC: Infantry Journal Press, 1947), 27, 33, 37.

[101] Snyder, *And When My Task*, 147; Leff Murray, *Lens of an Infantryman: A World War II Memoir with Photographs from a Hidden Camera* (Jefferson, NC: McFarland, 2007), 61.

[102] Dale Lundhigh, *Show Me the Hero: An Iowa Draftee Joins the 90th Infantry Division during WW II in Europe* (Bloomington, IN: AuthorHouse, 2009), 25—26; Bilder, *Foot Soldier for Patton*, 187.

[103] Fee, *With the Eleventh Armored Division*, 44; testimony of William Condon in *In Their Own Words*, ed. Agulnick et al., 28.

[104] Blunt, *Inside the Battle of the Bulge*, 121—122.

[105] Memo from Chief Surgeon, European Theater of Operations, November 22, 1944, Records of Headquarters, European Theater of Operations, US Army, Historical Division Administrative History, 1942—1946, Surgeon's Section, Bulletins, Memos and Information Letters, 1944—1945 (hereafter Surgeon's Section), box 5759, RG 498, NARA.

[106] *Stars and Stripes*, November 29, 1944; General Board, "Trench Foot," 2.

[107] Letter from Omar Bradley to Courtney Hodges, First Army, Adjutant General Section, General Correspondence, 1940—1957 (hereafter AGS, Correspondence), box 302, RG 338, NARA.

[108] Memo dated November 24, 1944, and letter from Courtney Hodges to V Corps Commander, November 23, 1944, AGS, Correspondence, box 302, RG 338, NARA.

[109] Circular Letter No.71, May 1944, Surgeon's Section, box 5267, RG 498, NARA; letter to Hawley from Twelfth Army Group Medical Section, dated November 19, 1944, and "Prevention of Trench Foot," dated November 23, 1944, Surgeon's Section, box 5759, RG 498, NARA.

[110] Captain William L.Hawley, Memo on Trench Foot in Third and Seventh Armies, Surgeon's Section, box 5759, RG 498, NARA.

[111] Undated memo from Headquarters Com Z to the War Department, Surgeon's Section, box 5759, RG 498, NARA; letter from AGWAR (Adjutant General War Department) to ETOUSA (European Theater of Operations United States Army), "Trench Foot in Our Armies," December 11, 1944, Surgeon's Section, box 5759, RG 498, NARA.

[112] Letter from Omar Bradley to Courtney Hodges, First Army, AGS, Correspon-

dence，box 302，RG 338，NARA.

［113］Letter to V Corps Commander from Courtney Hodges, First Army, AGS, Correspondence，box 302，RG 338，NARA.

［114］Colonel Bruce, Conservation of Manpower, October 12，1944, Fifth Army, AGS Correspondence，box 419，RG 338，NARA.

［115］*Oxford English Dictionary.* 人力被认为大概等于一马力的十分之一到八分之一之间。

［116］Letter from Omar Bradley to Courtney Hodges, First Army, AGS, Correspondence，box 302，RG 338，NARA.

［117］Preventive Medical Bulletin ♯12, "Trench Foot," Fifth Army, AGS, Correspondence，box 419，RG 338，NARA.

［118］Letter from G.S.Patton to Paul Hawley, dated December 1，1944, Surgeon's Section，box 5759，RG 498，NARA.

［119］陆军医疗勤务队主要致力于为战争保全人力的概念绝非仅限于第二次世界大战。例如关于第一次世界大战的情况，参看 Ana Carden-Coyne, *The Politics of Wounds*：*Military Patients and Medical Power in the First World War*（Oxford：Oxford University Press，2014），20。

［120］Outgoing Classified Message, Surgeon's Section, box 5759, RG 498, NARA.

［121］Dwight D.Eisenhower, *Crusade in Europe*（1948；repr.，Baltimore：Johns Hopkins University Press，1997），316.

［122］关于紧急供给需求的例子，参看 memo dated November 11，1944，First Army，AGS，Correspondence，box 302，RG 338，NARA。关于对"足部纪律"的抱怨，参看 undated memo from Headquarters Com Z to the War Department, Surgeon's Section，box 5759，RG 498，NARA。

［123］Arnulf, *Un Chirurgien*, 144—146.

［124］Letter from W.G.Livesay to Commanding General, Fifth Army, dated November 29，1944，and memo from Headquarters 91st ID, dated November 30，1944，Fifth Army，box 419，RG 338，NARA.

［125］Hawley, quoted in "Prevention of Trench Foot," dated November 23，1944，Surgeon's Section, box 5759, RG 498, NARA；Preventive Medicine Bulletin ♯12, dated October 31，1944，Records of U.S. Army Commands, Fifth Army, AGS，Correspondence，RG 338，NARA；此处还可参看 Preventive Medical Bulletin ♯10，September 23，1944："未能遵守规章的人，是在故意触发一枚可能摧毁其一只脚或者两只脚的天然诡雷。"

［126］Letter to Hawley from Twelfth Army Medical Section, November 19，1944，Surgeon's Section, box 5759, RG 498, NA.

［127］"No Purple Heart for Purple Foot," *Stars and Stripes*，December 6，1944.

［128］General Board, "Trench Foot," 10，7.

［129］Quoted in Ross and Romanus, *Technical Services*, 191.

［130］Testimony of William Condon in *In Their Own Words*, ed. Agulnick et al.，31.

［131］Ankrum，*Dogfaces Who Smiled*，337.

［132］Quoted in Whiting，*Battle of Hurtgen Forest*，52.

［133］Preventive Medicine Bulletin ♯12，October 31，1944，Fifth Army，AGS，Correspondence，box 419，RG 338，NARA.

［134］"Again，Trench Foot，" *Time*，January 1，1945，38.

［135］Blunt，*Foot Soldier*，141.

［136］Humphrey，*Once upon a Time*，142.

［137］William Wharton，*A Midnight Clear* (New York：HarperCollins，1982)，128—129；Frankel and Smith，*Patton's Best*，81.

［138］Lester Atwell，*Private* (New York：Simon and Schuster，1958)，167—168. 这件事也记录于 Whiting，Battle of Hurtgen Forest，222—223。

［139］Swann，quoted in Humphrey，*Once upon a Time*，212.

［140］Harpur，*Impossible Victory*，16；Private Papers of H.C.Abrams，30，IWM.

［141］Stanley Whitehouse and George B.Bennett，*Fear Is the Foe：A Footslogger from Normandy to the Rhine* (London：Robert Hale，1995)，126.

［142］Robert Bradley，WWII Survey，30th ID，MHI；Gantter，*Roll Me Over*，106. 还可参看 William McConahey，Battalion Surgeon (Rochester，MN：self-pub.，1966)，61。关于德国士兵自伤的情况，参看 Magnus Koch，Fahnenfluchten：Deserteure der Wehrmacht im Zweiten Weltkrieg—Lebenswege und Entscheidungen (Paderborn：Verlag Ferdinand Schöningh，2008)，esp. 40—43。

［143］Jesse Caldwell，"Combat Diary," WWII Survey，87th ID，MHI. 还可参看 Anthony Beevor，*Ardennes 1944：The Battle of the Bulge* (New York：Viking，2015)，118。

［144］Whiting，*Battle of Hurtgen Forest*，168—169.

［145］James Fry，*Combat Soldier* (Washington，DC：National Press，1968)，11—12；Whitehouse and Bennett，*Fear Is the Foe*，126.

［146］Whiting，*Battle of Hurtgen Forest*，168—169；Davis，Up Close，88.

［147］Burns，"The Trenchfoot of Michael Patrick," 4.

［148］General Board，"Trench Foot," 15. 关于这个问题，还可参看 MacDonald，Company Commander，132—135。

［149］Khoury，*Love Company*，76. On this point，还可参看 Wharton，Midnight Clear，129。

［150］Burns，"Trenchfoot of Michael Patrick," 4.

［151］Arn，*Arn's War*，157—158.

［152］关于大部分美国步兵来自下层或工人阶层的观点，参看 Peter R.Mansoor，*The GI Offensive in Europe：The Triumph of American Infantry Divisions，1941—1945* (Lawrence：University Press of Kansas，1999)，40—41。

［153］Bond，*Military Science*，61.

［154］Burgett，*Seven Roads to Hell*，53，118，120—121.

第四章

[1] Private Papers of J.M.Thorpe，pocket diary，128，Imperial War Museum（hereafter IWM），London. 斯图尔特·蒙哥马利也是在午夜到达医院的。参看 Stewart Montgomery，Sound Archive，reel 10，IWM。

[2] 据罗伯特·马凯所言，英国军事审查制度在 1944 年有所放松，但英国民众对战争带来的大部分坏消息还是一无所知。参看他的 *Half the Battle：Civilian Morale in Britain during the Second World War*（Manchester，UK：Manchester University Press，2002），149。还可参看 George P.Thomson，*Blue Pencil Admiral：The Inside Story of the Press Censorship*（London：Sampson Low，Marston，ca. 1960），8—37；Ian McLaine，*Ministry of Morale：Home Front Morale and the Ministry of Information in World War II*（London：George Allen and Unwin，1979），240—281。最近亨利·欧文淡化了第二次世界大战中的审查力度，称英国当时是"相对开放的社会"。参看"The Ministry of Information on the British Home Front," in *Allied Communication to the Public during the Second World War：National and Transnational Networks*，ed. Simon Elliot and Marc Wiggam（London：Bloomsbury Academic，2020），30。还可参看 David Welch，*Persuading the People：British Propaganda in World War II*（London：British Library，2016）。关于美军的情况，参看 George H. Roeder Jr.，*The Censored War：American Visual Experience during World War Two*（New Haven，CT：Yale University Press，1993）。

[3] Keith Wheeler，*We Are the Wounded*（New York：E.P.Dutton，1945），4. 惠勒效力于美国海军陆战队，他当时在太平洋战场负伤，因此他这里说的不是欧洲战场。

[4] Elaine Scarry，*The Body in Pain：The Making and Unmaking of the World*（New York：Oxford University Press，1985），70—71. 还可参看 Kevin McSorley and Sarah Maltby，"War and the Body：Cultural and Military Practices," *Journal of War and Culture Studies* 5，no.1（2012）：3。

[5] 例如参看 Omar Bradley，*A Soldier's Story*（1951；repr.，New York：Modern Library，1999），482，他在谈论突出部战役时说："以 482 人死亡、2 449 人受伤为代价，托尼·麦考利夫抵住了德军三个师的进攻。"还可参看 Field-Marshal the Viscount Montgomery of Alamein，*El Alamein to the River Sangro：Normandy to the Baltic*（New York：St. Martin's Press，1948），358。许多历史学家复制了这种语言，例如里克·阿特金森表示，瑟堡的占领以"第 7 军团 22 000 人死伤为代价"。他声称，圣洛的情况"令人失望：付出了 4 万人死伤的代价"。Rick Atkinson，*The Guns at Last Light：The War in Western Europe，1944—1945*（New York：Holt，2013），121，129；see also 137.

[6] Scarry，*The Body in Pain*，71. 斯蒂芬·安布罗斯这样形容第 16 步兵团在奥马哈海滩的情况："第 116 步兵团 A、F、G 和 E 连剩下的兵力挤在障碍物后面。"Stephen Ambrose，*D-Day：June 6，1944，the Battle for the Normandy Beaches*（London：Simon and Schuster，2016），337.

［7］Atkinson，*Guns at Last Light*，123. 阿特金斯再次复刻了军事命令的语言。例如，伯纳德·蒙哥马利将军形容德军装甲部队"已经受到重创，精疲力竭，萎靡不振"。参看 Montgomery，El Alamein，263，324，366；and Bradley，A Soldier's Story，444，477。

［8］Anthony Beevor，*D-Day：The Battle for Normandy*（New York：Viking，2009），62，69，71，95，108，110—111，197. 还可参看 Ambrose，*D-Day*，331，334，337；Atkinson，*Guns at Last Light*，144。

［9］"Thoughts on Four Years of War Surgery—1939—1943," *British Medical Journal*，July 8，1944. 关于大多数普通伤情，参看 John M.Kinder，"The Embodiment of War：Bodies for, in, and after War," in *At War：The Military and American Culture in the Twentieth Century and Beyond*，ed. David Kieran and Edwin A.Martini（New Brunswick，NJ：Rutgers University Press，2018），227。

［10］我对伤员的关注不在于他们的负伤"体验"或者他们负伤时"发生了什么"。关于这方面，参看 Emma Newlands，"'Man, Lunatic or Corpse'：Fear, Wounding and Death in the British Army，1939—45," in *Men，Masculinities and Male Culture in the Second World War*，ed. Linsey Robb and Juliette Pattinson（London：Palgrave Macmillan，2018），48。我对伤员的关注也不是站在军事医学进步的视角，也就是说，磺胺类药、青霉素和血浆输注是如何降低死亡率的。关于英国医治受伤士兵的经典著作有 Mark Harrison，*Medicine and Victory：British Military Medicine in the Second World War*（Oxford：Oxford University Press，2004）；还可参看 Julie Anderson，*War，Disability and Rehabilitation in Britain：'Soul of a Nation'*（Manchester，UK：Manchester University Press，2016）。

［11］Sean Longden，*To the Victor the Spoils：Soldiers' Lives from D-Day to VE-Day*（London：Robinson，2007），43.

［12］David Holbrook，*Flesh Wounds*（London：Methuen，1966），244. 戴维·埃文斯还描述了火炮击中坦克时对其内部产生的效果，参看 Private Papers of D. Evans，108—109，127，IWM。

［13］纳特·弗兰克尔和拉里·史密斯问："是什么令灰色的死亡如此灰色？ 不是骇人听闻的场景，不是英年早逝的悲哀，也不是疼痛。而是人类尊严的彻底丧失，就连以人的样子死去的尊严都没有。"参看 Frankel and Smith，*Patton's Best：An Informal History of the 4th Armored Division*（New York：Hawthorn Books，1978），66。关于这一点，还可参看 Ralph Ingersoll，*The Battle Is the Pay-Off*（New York：Harcourt Brace，1943），184。

［14］Douglas Allanbrook，*See Naples*（Boston：Houghton-Mifflin，1995），116. 关于伤口流出的血，还可参看 Carolyn Nordstrom，*A Different Kind of War Story*（Philadelphia：University of Pennsylvania Press，1997）。

［15］Testimony of Rex Wingfield，in Patrick Delaforce，*Marching to the Sound of Gunfire：North-West Europe，1944—1945*（Phoenix Mill，UK：Sutton，1996），91.

［16］Private Papers of S.R.Verrier，diary entry of July 11，1944，IWM；testimony of Roly Curtiss，in Patrick Delaforce，*Monty's Iron Sides：From the Normandy Beaches to*

Bremen with the 3rd Division（Phoenix Mill，UK：Sutton，1995），145.

［17］关于"百万美元之伤"，参看 Peter Ryder，*Guns Have Eyes：One Man's Story of the Normandy Landings*（London：Robert Hale，1984），108。菲奥娜·里德表示，在第一次世界大战中，法国士兵把类似的伤口称为"une bonne blessure"，德国士兵称之为"heimat schusse"。参看 Fiona Reid，"'My Friends Looked at Me in Horror'：Idealizations of Wounded Men in the First World War," Peace and Change 41，no.1（2016）：70。

［18］Longden，*To the Victor*，42.

［19］Private Papers of J.Allen，22，IWM；Private Papers of E.J.Rooke-Matthews，IWM；Private Papers of W.S.Scull，11，IWM.

［20］R.M.Wingfield，*The Only Way Out：An Infantryman's Autobiography of the North-West Europe Campaign，August 1944-February 1945*（London：Hutchinson，1955）.

［21］参看 Thorpe，pocket diary，135，IWM："我伤得不是很重，我很快就能跟队伍一起奋战到底，但现在还不行。"还可参看 Longden，*To the Victor*，44。

［22］Longden，*To the Victor*，42. 还可参看 testimony of Jim Wisewell，in Delaforce，Marching，69。

［23］Ryder，*Guns Have Eyes*，125；Private Papers of E.J.Rooke-Matthews，IWM；Mary Morris，*A Very Private Diary：A Nurse in Wartime*（London：Wedenfeld and Nicholson，2014），94，126.

［24］例如参看 Arthur Reddish，*Normandy 1944：From the Hull of a Sherman*（Wanganui，NZ：Battlefield Associates，1995），31，63，82。

［25］Jean Navard，*La Libération avec les chars：du débarquement en Provence jusqu'à Ulm，15août 1944—8 mai 1945 avec la 1re Armée française*（Paris：Nouvelles éditions latines，1980），99；anonymous，quoted in Longden，*To the Victor*，43.

［26］Newlands，"'Man，Lunatic or Corpse,'"50—51.

［27］Longden，*To the Victor*，231—232. 德国士兵马丁·珀佩尔在一次意外中被击中骨盆，但是"把手伸下去一摸让我确信该在的都还在"。参看他的 *Heaven and Hell：The War Diary of a German Paratrooper*（Staplehurst，UK：Spellmount，1988），170. 关于那些确实带着性功能障碍回家的士兵，参看 Elissa Mailänder，"Whining and Winning：Male Narratives of Love，Marriage，and Divorce in the Shadow of the Third Reich," *Central European History* 51（2018）：496—499。

［28］Thorpe，pocket diary，25—26，IWM；Scull，14，IWM；Evans，165，181，IWM.

［29］Arthur W.Frank，*The Wounded Storyteller：Body，Illness，and Ethics*（Chicago：University of Chicago Press，1995），55—56，60—61. 还可参看 Ana Carden-Coyne，"Men in Pain：Silence，Stories and Soldiers' Bodies," in *Bodies in Conflict：Corporeality，Materiality and Transformation*，ed. Paul Cornish and Nicholas J.Saunders（New York：Routledge，2014），53—65。

［30］Robert Boscawen，*Armoured Guardsmen：A War Diary from Normandy to the Rhine*（South Yorkshire，UK：Pen and Sword，2010），204—206. 因为 150 毫米炮是

部署在"后方"的大炮，而 88 毫米炮是重型反坦克炮，所以博斯科恩看到的更有可能是四门 88 毫米炮的炮筒。

[31] Ryder, *Guns Have Eyes*, 148; Private Papers of Major H.W.Freeman-Attwood, 25, IWM. 还可参看 Private Papers of R.Walker, "The Devil of a War," 31, IWM："鉴于村里正在发生的激烈战况，我们要等几个小时才能从山坡的位置撤离。"

[32] Ryder, *Guns Have Eyes*, 124—125; W.A.Elliott, *Esprit de Corps: A Scots Guards Officer on Active Service, 1943—1945* (Norwich, UK: Michael Russell, 1996), 117; testimony of Bill Scully, in *War on the Ground, 1939—1945*, ed. Colin John Bruce (London: Constable, 1995), 155—156.

[33] John Hall, *Soldier of the Second World War: The Memoirs of a Junior Officer Who Fought in the Front Line from 'D' Day in Normandy to V.E.Day with Many Individual Infantry and Armoured Regiments of the British, Canadian and Polish Armies* (Bournemouth, UK: self-pub., 1986), 64; Private Papers of L.F.Roker, diary entry of April 14, 1945, IWM; Scull, 11, IWM.

[34] Evans, 178, IWM.

[35] Testimony of Paul Hall, 31, in Patrick Delaforce, *The Fighting Wessex Wyverns: From Normandy to Bremerhaven with the 43rd Wessex Division* (Stroud, UK: Sutton, 1994), 31.

[36] Testimonies of Harry Jones and Geoffrey Steere, in Delaforce, *Marching*, 68, 142. Private Papers of E.A.Horrell, IWM.

[37] Allen, 19, IWM. 还可参看 Lieutenant Colonel George Y.Feggetter, "Diary of an RAMC Surgeon at War, 1942—1946," 102, RAMC 1776, Wellcome Library (hereafter Wellcome), London。还可参看 Walker, "The Devil of a War," 31, IWM："爆炸发生的那一刻，当一个炮弹碎片把我的左上臂撕开一个裂口时，我以为自己被骡子踢了一脚"; Patrick Delaforce, Red Crown and Dragon: 53rd Welsh Division in North-West Europe, 1944—1945 (Brighton, UK: Tom Donovan, 1996), 84。

[38] Thorpe, pocket diary, 123, IWM; Delaforce, *Fighting Wessex Wyverns*, 53.

[39] Montgomery, Sound Archive, reel 10, IWM.

[40] Allen, 19, IWM; Walker, "The Devil of a War," 32, IWM; Scull, 11, IWM; Wingfield, *Only Way Out*, 183.

[41] Montgomery, Sound Archive, reel 10, IWM; Elliott, *Esprit de Corps*, 117; Horrell, IWM.

[42] 关于这一点，参看 Wingfield, *Only Way Out*, 183。

[43] Private Papers of P.G.Thres, "Memoirs, 1940—1946," 42—43, IWM. 还可参看 testimony of Scully, in *War on the Ground*, ed. Bruce, 156。关于面部伤口大量流血的情况，参看 "Early Treatment of War Wounds of the Upper Part of the Face," *British Medical Journal*, August 7, 1943。

[44] Montgomery, Sound Archive, reel 10, IWM; Hall, *Soldier of the Second World*

War，64.

［45］Quoted in Ronald Lewin，*The War on Land：The British Army in World War II*，*an Anthology of Personal Experience*（New York：William Morrow，1970），274.

［46］Evans，107—109，IWM；Private Papers of A.G.Herbert，23，IWM；Private Papers of A.Marr，12，IWM；Private Papers of C.Newton，19，IWM.

［47］法国士兵也一样，参看 Navard，*La Libération*，232。

［48］Frankel and Smith，*Patton's Best*，94—96.

［49］Peter Holyhead，Sound Archive，reels 3 and 4，IWM；Newton，35，IWM；Roker，diary entry of April 14，1945，IWM.

［50］Allen，19—20，IWM；Walker，"The Devil of a War," 32，IWM.

［51］Allen，20，IWM.

［52］Evans，24—25，IWM；testimony of Leslie Skinner，in Delaforce，*Marching*，42—43；Ryder，*Guns Have Eyes*，124.

［53］Brian Harpur，*Impossible Victory：A Personal Account of the Battle for the River Po*（New York：Hippocrene Books，1980），58；Wingfield，*Only Way Out*，186.

［54］Scull，15，IWM；Ryder，*Guns Have Eyes*，125；Montgomery，Sound Archive，reel 10，IWM；Private Papers of Captain D.H.Clark，51，IWM.

［55］Boscawen，Armoured Guardsmen，206—211；Roker，diary entry of April 14，1945，IWM。"铁拳"是在 1943 年至 1945 年的战争中被使用的一种德国反坦克武器。

［56］Roker，diary entry of April 14，1945，IWM.

［57］Newton，33—34，IWM.

［58］Scull，14，IWM.

［59］Roker，diary entry of December 13，1944，IWM.

［60］Rooke-Matthews，IWM；Thorpe，pocket diary，123，IWM；Evans，167，IWM。还可参看 Ryder，*Guns Have Eyes*，127。

［61］关于这一点，参看 Paul Fussell，*Doing Battle：The Making of a Skeptic*（Boston：Little，Brown，1996），149。

［62］Ryder，*Guns Have Eyes*，149；Newton，35，IWM；Thorpe，pocket diary，123—124，IWM.

［63］关于战时英国医疗系统的精彩讲述，参看 "Medical Services for the Western Front," *British Medical Journal*，June 17，1944。皇家陆军医疗队在意大利和北欧自 1943 年至 1945 年的官方历史，参看 F.A.E.Crew，The Army Medical Services，vols.3 and 4（London：Her Majesty's Stationery Office，1962）。

［64］Montgomery，Sound Archive，reel 10，IWM.

［65］玛丽·莫里斯护士在日记中写道："我们都很努力地治疗受伤的身体，好让他们能够重回前线再次战斗。"Morris，*Diary*，145.

［66］Stanley Whitehouse and George B.Bennett，*Fear Is the Foe：A Footslogger from Normandy to the Rhine*（London：Robert Hale，1995），168.

［67］F.A.E.Crew，*The Army Medical Services*，vol.1，*Administration*（London：Her

Majesty's Stationery Office, 1953—1955), 148, 215—216.

[68] Rooke-Matthews, IWM; Thres, "Memoirs, 1940—1946," 42, IWM; Michael Hunt, quoted in Longden, *To the Victor*, 42. 关于这一点，还可参看 testimony of Roy Nash, in Delaforce, *Marching*, 196。

[69] "The Wounded from Alamein: Observations on Wound Shock and Its Treatment," *Bulletin of War Medicine* 4, no.5 (1944).

[70] "The Immediate Surgical Treatment," Bulletin of War Medicine 4, no.5 (1944).

[71] Clark, 45, IWM; see also 52.

[72] Stuart Mawson, *Arnheim Doctor* (Gloucester, UK: Spellmount, 1981), 71, 81.

[73] J.A.R. [James Alexander Ross], *Memoirs of an Army Surgeon* (Edinburgh: W.Blackwood, 1948), 202, 210.

[74] 关于伤员鉴别分类的压力，请同样参看 Private Papers of P.J.Cremin, letter dated June 27, 1944, IWM; and Private Papers of Captain D. G. Aitken, 19, IWM。

[75] Rachel Millet, *Spearette: A Personal Account of the Hadfield-Spears Ambulance Unit, 1940—1945* (Cambridgeshire, UK: Fern House, 1998), 82. 当时，米列特在救护车单位工作。分类从基层医院延续到更远的后方，那里的护士和护理员也会选择哪些士兵该再次送至外科医生处，以及哪些可以直接取下伤口的敷料睡觉。关于这一点，还可参看 Morris, *Diary*, 93。

[76] Mawson, *Arnheim Doctor*, 64.

[77] Feggetter, "Diary of an RAMC Surgeon," 116, RAMC 1776, Wellcome.

[78] Stanley Aylett, *Surgeon at War, 1939—1945* (London: Metro, 2015), 210—212.

[79] J.C.Watts, *Surgeon at War* (London: George Allen and Unwin, 1955), 93.

[80] 实际上，所有西方军队都遵从伤员鉴别分类的做法。

[81] Copies of Reports by Medical Officers of 1st Airborne Division on Operation Market and Their Subsequent Experiences, September 17, 1944-May 8, 1945, RAMC 696, Wellcome.

[82] Morris, *Diary*, 102; Millet, *Spearette*, 99; Brenda McBryde, *A Nurse's War* (London: Sphere Books, 1979), 102. 帕特里克·德拉福斯讲了另一个事件，一个德国伤员朝一名犹太医疗军官脸上吐了口水。据另一名医疗军官说，那个被吐口水的犹太医疗军官"显得很惊讶，但没有生气"。参看 Delaforce, *Red Crown and Dragon*, 44。

[83] 参看 Private Papers of Major A.R.Kennedy, 89, IWM："我们开始在伤员中发现一两个德国战俘，这当然很鼓舞人心。我们明显大有进展，而德军明显正在遭受重创。"

[84] J.A.R., *Memoirs*, 210.

[85] Charles Donald, "The Diagnosis of Doubtfully Penetrating Abdominal Wounds," *British Medical Journal*, June 9, 1945. 关于这个问题，还可参看 McBryde, A Nurse's War, 78。

[86] J.A.R., *Memoirs*, 211; Millet, *Spearette*, 83; Aylett, *Surgeon at War*, 258.

[87] J.A.R., *Memoirs*，211；Watts，*Surgeon at War*，97.

[88] Aitken，16，19，IWM.

[89] Mostyn Thomas，quoted in Delaforce，*Red Crown and Dragon*，71；McBryde，*A Nurse's War*，107.

[90] J.A.R.，*Memoirs*，209.

[91] Private Papers of G.Cowell，diary entry of June 6 and 7，1944，IWM.

[92] Aitken，19—20，IWM. 还可参看艾特肯在 6 月 8 日星期二的记录："接着于 8 时 15 分再次出任务，又有一艘船到达。这次只有 39 个伤员，其中有 30 个担架病例（无人死亡）和 9 个可行走伤员。"

[93] Mawson，*Arnheim Doctor*，45，81.

[94] Aylett，*Surgeon at War*，257（see also 263）；McBryde，*A Nurse's War*，101（see also 106—107），81.

[95] 参看 John C.Buchanan，Sound Archive，reel 6，IWM："当你回到这些地方的时候，你并不是有情的人类，你只是一个数字。"

[96] Private Papers of J.A.Garrett，diary entry of October 29，1944，IWM；Cowell，diary entry of June 7 and 11，1944，IWM；Cremin，letter dated August 3，1944，IWM；Private Papers of E.H.P.Lassen，diary entry of June 9 and 21，1944，IWM.

[97] Feggetter，"Diary of an RAMC Surgeon,"96，RAMC 1776，Wellcome；Watts，*Surgeon at War*，103—104. 护士也清楚伤员人数。蕾切尔·米列特在日记中说，1945 年初的几个月，她记录了 1 880 个入院病例。有一次，她在仅有 200 张病床的情况下收治了 400 名伤员。参看 *Spearette*，167。

[98] Newlands，"'Man，Lunatic or Corpse,'"57.

[99] Watts，*Surgeon at War*，93.

[100] Private Papers of H.C.Abrams，53—54，IWM.

[101] Copies of Reports by Medical Officers of First Airborne Division on Operation Market and their subsequent experiences，September 17，1944-May 8，1945，33，Wellcome.

[102] Copies of Reports by Medical Officers，Appendix G，Wellcome.

[103] Copies of Reports by Medical Officers，Appendix J，Wellcome.

[104] Lassen，diary entry of June 9，1944，IWM；Clark，45—46，IWM；Cremin，letters dated June 14 and 28，1944，IWM.

[105] 关于这一点，参看 Aitken，37，21，IWM。

[106] Aylett，*Surgeon at War*，257；Clark，52，IWM；J.A.R.，*Memoirs*，216；Aitken，21，IWM；Millet，*Spearette*，123；McBryde，*A Nurse's War*，77（see also 89）；Morris，*Diary*，96.

[107] J.A.R.，*Memoirs*，199；Aylett，*Surgeon at War*，297；Feggetter，"Diary of an RAMC Surgeon,"25，114，RAMC 1776，Wellcome；G. M. Warrick，from Copies of Reports by Medical Officers，17，Wellcome；Mawson，*Arnheim Doctor*，155；J.A.R.，*Memoirs*，198. 还可参看 Aitken，17，26，IWM。

[108] Diary of service in the Royal Army Medical Corps during World War II，carbon

copy of typescript identified as E. Grey Turner on the pouch，diary entry of February 15，1944，105，GC/96/1，Wellcome.

[109] RAMC typescript account of the work of the Royal Pioneer Corps at the Battle of Monte Cassino，extract from "A War History of the Royal Pioneer Corps, 1939— 1945," Wellcome.

[110] "The Two-Stage Operation in the Treatment of Wounds in the Italian Campaign," *Bulletin of War Medicine* 6，no.1（September 1945）.

[111] "The Changing Character of War Wounds," *British Medical Journal*，January 1，1944；"Thoughts on Four Years of War Surgery"；"Abdominal Wounds in War," *British Medical Journal*，January 16，1943.

[112] Captain Archibald Stewart，box 4，"Cases of Interest," Italy 1944，MS 8030，Wellcome.

[113] "The Two-Stage Operation."

[114] "Penetrating Shell Wound of Neck Involving Larynx," *Bulletin of War Medicine* 5，no.1（April 1944）. 关于伤口轨迹，还可参看 Watts，*Surgeon at War*，88。外科医生还用物理学来描述伤口。R.沃尔顿通过计算外来物体遇到身体组织的障碍时的速度来判断组织的损伤。谈及腹部伤口他指出，炮弹碎片的"初始速度非常快，但在遇到人体组织的阻力后迅速丧失速度。因此碎片可能不会穿透身体，而是留在体内"。沃尔顿继续道，更大的物体"具有更大的动能，所以很可能会穿透身体，而且不仅会造成内脏的大面积破坏，还会在离开身体时形成大片参差不齐的伤口"。参看 "Abdominal Wounds in War"。

[115] Feggetter，"Diary of an RAMC Surgeon," 218，RAMC 1776，Wellcome.

[116] 虽然青霉素的发现时间是 1928 年，但直到 1957 年才能通过人工合成生产。在此之前，科学家依靠在又深又大的槽罐里发酵来生产青霉素。

[117] McBryde，*A Nurse's War*，141.

[118] "Abdominal Wounds in War."

[119] J.A.R.，*Memoirs*，195. 还可参看 Watts，*Surgeon at War*，99。

[120] Mawson，*Arnheim Doctor*，115.

[121] Feggetter，"Diary of an RAMC Surgeon," 125，RAMC 1776，Wellcome.

[122] "The Two-Stage Operation."

[123] 伤口没有缝合往往是因为战地医院的条件太过肮脏，无法对伤口进行严格清理。

[124] "The Two-Stage Operation"；"Treatment of Wounds by Delayed Suture," British Medical Journal，December 16，1944. 关于在伤口上"撒糖霜"，还可参看 Feggetter，"Diary of an RAMC Surgeon," 120—121，RAMC 1776，Wellcome。

[125] Arthur S.MacNalty，foreword to Crew，*The Army Medical Services*，vol.4，*Campaigns Northwest Europe*，xi.

[126] Richard Charles，"Gunshot Wound of the Innominate Artery," *British Medical*

Journal, December 4, 1943. 关于展示手术技能的另一个例子，参看 "Two Cases of Gunshot Wound Resulting from Unusually Large Missiles," *British Medical Journal*, July 15, 1944。

[127] 参看 Donald, "The Diagnosis of Doubtfully Penetrating Abdominal Wounds"。沃茨曾考虑对一个腹部受伤的人使用这个方法，但最终以不明确为由未予采纳。参看 Watts, *Surgeon at War*, 98。

[128] Private Papers of Captain R.Barer, letter dated November 26, 1944, IWM. 血红素是一种在血液中携带氧气的代谢物质。

[129] J.A.R., *Memoirs*, 196; Aylett, *Surgeon at War*, 303—304; E.Grey Turner, Diary of service in the Royal Army Medical Corps, GC/96/1, Wellcome; J.A.R., *Memoirs*, 200.

[130] J.A.R. *Memoirs*, 213.

[131] Testimony of Jim Wisewell, in Delaforce, *Marching*, 69.

[132] Barer, letter dated August 13, 1944, IWM; Aylett, *Surgeon at War*, 295; McBryde, *A Nurse's War*, 87.

[133] David Holbrook, *Flesh Wounds* (London: Methuen, 1966), 244—245.

第五章

[1] 正如英国历史学者露西·诺克斯所言："战时英国的历史往往对死人闭口不谈。"参看她的 "Valuing the Dead: Death, Burial, and the Body in Second World War Britain," *Critical Military Studies* (forthcoming). 这篇文章详尽叙述了战争时期英国军队埋葬遗体的做法。卢克·卡普德维拉和达妮埃尔·沃尔德曼同样在他们的书中对历史书写中缺乏死亡和战争内容的现象感到惋惜。参看 *War Dead: Western Societies and the Casualties of War* (Edinburgh: Edinburgh University Press, 2006), xiii. 关于美国的情况，参看 Christina S.Jarvis, *The Male Body at War: American Masculinity during World War II* (DeKalb: Northern Illinois University Press, 2004), chap.5.

[2] 那些记得见过许多死尸的美国士兵往往把它们形容成"堆叠的木材"。毫无疑问，他们的记忆是由纳粹大屠杀叙事中提到的相同的短语塑造而成的。例如参看 Roscoe C.Blunt Jr., *Inside the Battle of the Bulge: A Private Comes of Age* (Westport, CT: Praeger, 1994), 156; Michael Bilder, *Foot Soldier for Patton: The Story of a "Red Diamond" Infantryman with the U.S. Third Army* (Philadelphia: Casemate Books, 2012), 108—109; Walter L.Brown, *Up Front with U.S.: Day by Day in the Life of a Combat Infantryman in General Patton's Third Army* (self-pub., 1979), 318; James Graff, *Reflections of a Combat Infantryman: A Soldier's Story of C. Co. 134th Inf. 35th Div.* (self-pub., 1977), 7. 关于解放死亡集中营的照片，还可参看 Barbara Zelitzer, *Remembering to Forget: Holocaust Memory through the Camera's Eye* (Chicago: University of Chicago Press, 1998)。www.corpsesofmassviolence.eu，关于暴力和种族灭绝致死的尸体，可以在这个网站找到丰富的学术资源。

[3] Lieutenant, quoted in Rick Atkinson, *The Guns at Last Light: The War in Western Europe, 1944—1945* (New York: Henry Holt, 2013), 86; Charles B.MacDonald, *Company Commander* (Washington, DC: Infantry Journal Press, 1947), 29; Raymond Gantter, *Roll Me Over: An Infantryman's World War II* (New York: Ivy Books, 1997), 28.

[4] Maurice Blanchot, *The Space of Literature* (Lincoln: University of Nebraska Press, 1982), 256.

[5] Thomas W.Laqueur, *The Work of the Dead: A Cultural History of Mortal Remains* (Princeton, NJ: Princeton University Press, 2015), 80.

[6] Julia Kristeva, *Powers of Horror: An Essay on Abjection* (New York: Columbia University Press, 1982), 3—4.

[7] 参看 Max Hastings, *Overlord: D-Day and the Battle for Normandy* (London: M.Joseph, 1984), 216:"在战场上，士兵既不情愿，却又被死者的样子吸引。"他举了一个中尉的例子，虽然不情愿，但他还是忍不住对纳粹党卫军步兵的"身体光辉"感到钦佩，尽管他们已经倒地身亡。

[8] Quoted in Paul Fussell, *The Boys' Crusade: The American Infantry in Northwestern Europe, 1944—1945* (New York: Modern Library, 2003), 64.

[9] Quoted in Fussell, 62—63.

[10] 关于坟墓登记处的历史，最佳的概括性说明参看 Edward Steere, *The Graves Registration Service in World War II* (Washington, DC: Office of the Quartermaster General, Historical Section, 1951)。关于美国内战，参看 Drew Gilpin Faust, *This Republic of Suffering: Death and the American Civil War* (New York: Random House, 2008)。关于欧洲的葬俗历史，参看 Capdevila and Voldman, *War Dead*, 6—10。

[11] David Colley, *Safely Rest* (New York: Caliber, 2004), 179—180.

[12] Colley, 4—5.

[13] 关于这一点，参看 Fussell, *Boys' Crusade*, 122; Don Robinson, *News of the 45th* (Norman: University of Oklahoma Press, 1944), 113。如果条件允许，德国士兵也会被安置在个人坟墓中，有的还是精心制作的。

[14] Robert McGowan Littlejohn, *Graves Registration in the European Theater of Operations* (Harwood, MD: n.p., 1955), 3. 1945 年，利特尔约翰被艾森豪威尔将军任命为坟墓登记指挥部的总指挥，该指挥部的中心在巴黎。确认士兵身份的方法包括检查衣服上的洗衣房标记和商标，使用牙科病历，用荧光透视法检查皮肤中隐藏的物体，毛发分析，腐烂的尸体上的指纹，以及访问在死者附近作战的士兵。参看 Littlejohn, 16—17。关于为确定美国士兵的身份所做出的努力，还可参看 "Graves Registration," *Quartermaster Review*, May/June 1946, 26。

[15] Steere, *Graves Registration Service*, 22.

[16] 参看 "Company History, 603 Qm.Reg.Co., 1943—1945," in Charles Butte, *Collection of Publications, Letters, and Writings of the 603rd Quartermaster Graves Regis-*

tration Company（Cincinnati，OH：C.D.Butte，1997），31—33。

［17］Steere，*Graves Registration Service*，24.

［18］Atkinson，*Guns at Last Light*，85.

［19］Steere，*Graves Registration Service*，102—103. 参看 Eudora Richardson and Sherman Allan，*Quartermaster Supply in the European Theater of Operations in World War II*，vol.8，Graves Registration（Camp Lee，VA：Quartermaster School，1948），30。还可参看 "Company History," in Butte，Collection of Publications，33。

［20］参看 First U.S.Army，*Report of Operations*，*20 October 1943—1 August 1944*（n.p.：n.p.，［194?］），102，and Annex 7。还可参看 "Administrative Circular," no.86，November 24，1943，in Littlejohn，*Graves Registration*，4—5。

［21］Steere，*Graves Registration Service*，103，105.

［22］Joseph James Shomon，*Crosses in the Wind*：*The Unheralded Saga of the Men in the American Graves Registration Service in World War II*（New York：Stratford House，1947），14. 沙莫是部署在法国的第 611 坟墓登记部队的上尉。还可参看 Steere，*Graves Registration Service*，26。军方认为，棺材会占用军用物资所需要的载货空间。关于在诺曼底转移尸体的信息，参看非裔美国工兵詹姆斯·斯瑞德的证言：Colley，*Safely Rest*，182—183。

［23］Gerald Plautz，Adjutant Generals Office，Departmental Records Branch（hereafter AGO），US Army.

［24］Atkinson，*Guns at Last Light*，69. 担心腐烂的尸体会挫伤士气，这也是英国军队关心的大问题。参看 Emma Newlands，"'Man，Lunatic or Corpse'：Fear，Wounding and Death in the British Army，1939—1945," in *Men*，*Masculinities and Male Culture in the Second World War*，ed. Linsey Robb and Juliette Pattinson（London：Palgrave Macmillan，2018），60—63；Dominick Dendooven，"'Bringing the Dead Home'：Repatriation，Illegal Repatriation and Expatriation of British Bodies during and after the First World War," in *Bodies in Conflict*：*Corporeality*，*Materiality and Transformation*，ed. Paul Cornish and Nicholas J. Saunders（New York：Routledge，2014），66—79；Noakes，"Valuing the Dead," 13—14。

［25］Tom Dowling，"The Graves We Dug," *Army*，January 1989，36—39. 据科利说，汤姆·道林称坟墓登记"是战争中最恐怖的任务"。参看 Colley，*Safely Rest*，174；Bilder，*Foot Soldier for Patton*，200—201. 还可参看 Shomon，*Crosses in the Wind*，34。如果坟墓登记部队不能马上到达，有时指挥官们会被派去清埋尸体。例如参看 William McConahey，*Battalion Surgeon*（Rochester，MN：self-pub.，1966），69。

［26］"Company History," in Butte，*Collection of Publications*，40.

［27］Shomon，*Crosses in the Wind*，41.

［28］Gantter，*Roll Me Over*，5.

［29］Richardson and Allan，*Quartermaster Supply*，31；Shomon，*Crosses in the Wind*，foreword. 关于第二次世界大战中美军在法国的目的，参看 Kate Clarke Lemay，*Triumph of the Dead*：*American World War II Cemeteries*，*Monuments*，*and*

Diplomacy in France (Tuscaloosa: University of Alabama, 2018)。

[30] 坟墓登记队员发现，要将十字架以完全对称的方式排列起来极其困难。一名坟墓登记部队的士兵说，每个十字架都需要四个人合作安放：一个人用榔头把十字架用力捶进地下，一个人扶住十字架，还有两个人从各个角度检查位置是否准确。参看 US Army，612th Graves Registration Company，*C'est la Guerre*！：*612th Graves Registration Company，World War II，1943—1945* (Bonn，Germany：Cathaus，n.d.)，44。

[31] Blake Ehrlich，"Shall We Bring Home the Dead of World War II？" *Saturday Evening Post*，May 31，1947. 关于将阵亡士兵送回国的内容，还可参看 Robert McBane，"These Honored Dead," *Army Information Digest*，August 1946，23—30；Herbert L.Schon，"The Return of Our War Dead," *Quartermaster Review* 26 (July/August 1946)：16—18，85—86。

[32] Laqueur，*Work of the Dead*，chap.9. 还可参看 Noakes，"Valuing the Dead," 5。

[33] George H.Roeder Jr.，*The Censored War*：*American Visual Experience during World War Two* (New Haven，CT：Yale University Press，1993)，chap 1.

[34] Colley，*Safely Rest*，192. 关于将遗体交给家属之前的准备工作，参看 United States，American Graves Registration Service，Distribution Center No.1，*Standing Operating Procedure，American Graves Registration Division，Distribution Center No.1* (Brooklyn：New York Port of Embarkation，[1945？])，51—52。

[35] Richard Borek，Eugene Fidler，Maynard Flanigan，Dominic Giovinazzo，Lloyd Johnson，Donald Harvey，AGO，US Army.

[36] Dominic Giovinazzo，AGO，US Army.

[37] George W.Neill，*Infantry Soldier*：*Holding the Line at the Battle of the Bulge* (Norman：University of Oklahoma Press，2000)，123.

[38] Robert D.Kellett，AGO，US Army.

[39] US Army，Quartermaster Corps，Army Effects Bureau，*Effects Warehousing*：*A Study* (Kansas City，MO，1945)，2，5. 还可参看 Colley，*Safely Rest*，175；Richardson and Allan，*Quartermaster Supply*，65。

[40] Plautz，AGO，US Army.

[41] George Zatko，Dickie Kramer，Gilbert Smith，Arnold Schmall，Ernest Schultz，AGO，US Army.

[42] Richardson and Allan，*Quartermaster Supply*，85.

[43] Shomon，*Crosses in the Wind*，137—138.

[44] Elmer Fidler，James Kurz，Gilbert Hinrichs，AGO，US Army.

[45] Ernie Pyle，Brave Men (Lincoln：University of Nebraska Press，2001)，390—394. 这段内容最初写于 1944 年。

[46] Littlejohn，*Graves Registration*，6.

[47] Steere，*Graves Registration Service*，111.

[48] "Graves Registration during World War II in Europe," in Butte，*Collection of Publications*，2，5。

［49］ "Company History," in Butte, *Collection of Publications*, 33.

［50］ Steere, *Graves Registration Service*, 112.

［51］ "Company History," in Butte, *Collection of Publications*, 34.

［52］ Ralph B.Schaps, *500 Days of Front Line Combat : The WWII Memoir of Ralph B. Schaps* (New York: iUniverse, 2003), 98.

［53］ General Board, "Report on Graves Registration Service," unpublished ms., 10, US Army Military History Institute, Carlisle Barracks, PA; Shomon, *Crosses in the Wind*, 35. 关于这一点，还可参看 "Company History," in Butte, *Collection of Publications*, 33, 39; US Army, *C'est la Guerre!*, 43。

［54］ Colley, *Safely Rest*, 177.

［55］ Blunt, *Inside the Battle of the Bulge*, 156—157.

［56］ "Company History," in Butte, *Collection of Publications*, 45.

［57］ 关于非裔美国人在战争中履行的非战斗职责，参看 Maggie M.Morehouse, *Fighting in the Jim Crow Army : Black Men and Women Remember World War II* (Lanham, MD: Rowman and Littlefield, 2000); Phillip McGuire, ed., *Taps for a Jim Crow Army : Letters from Black Soldiers in World War II* (Santa Barbara, CA: ABC-Clio, 1983); Ulysses Lee, *The Employment of Negro Troops* (Washington, DC: Office of the Chief of Military History, US Army, 1966)。

［58］ 关于非裔美国人在坟墓登记队伍中大量占比的情况，参看 Shomon, *Crosses in the Wind*, 63—64。

［59］ Dowling, "The Graves We Dug," 38—39. 关于尸体漂浮在诺曼底海岸的另一份目击者证词，参看 "Company History," in Butte, *Collection of Publications*, 31。

［60］ Dowling, "The Graves We Dug," 38—39. 还可参看 Colley, *Safely Rest*, 178。

［61］ Testimony of Louis Blaise, 83, 1366 W, Comité vérité historique, Liberté 44, La Manche témoigne (hereafter MT), Archives de la Manche (hereafter ADM), St.-Lô, France.

［62］ Testimony of Christian Letourneur, 732, *MT*, ADM.

［63］ Marcelle Hamel-Hateau, "Des mémoires d'une petit maîtresse d'école de Normandie: souvenirs du débarquement de juin 1944," 16, Le Mémorial de Caen, France.

［64］ Testimony of Christian Letourneur, 732, MT, ADM.

［65］ "Graves Registration," in Butte, *Collection of Publications*, 5.

［66］ "Américains—Normands—Omaha—1944," René Mouillard, Mémorial de Caen, Séries FN—France Normandie, Trevières; Elbert E.Legg, "Graves Registration in Normandy France, June 1944," in Butte, *Collection of Publications*, 10; "Company History," in Butte, 39.

［67］ Testimony of Madame LeBourg, 391, MT, ADM.

［68］ Claude Paris, *Paroles de braves : d'Omaha la sanglante à Saint-Lô, capitale des ruines*, 7 juin—18 juillet 1944 (Condé-sur-Noireau: éditions Charles Corlet, 2007), 155.

［69］ Mark Goodman, "Unit History of Company A," 50, World War II Survey, 5th Infantry Division, US Army Military History Institute, Carlisle Barracks, PA.

[70] Michel Béchet, L'attente: "Overlord" vécu à cent kilomètres du front (Montsûrs: Résiac, 1994), 84.

[71] Testimony of Marcelle Hamel-Hateau, 8, Mémorial de Caen.

[72] Anonymous testimony, 1017—1018, 1366 W, MT, ADM.

[73] Béatrice Poule, ed., Cahiers de mémoire: vivre et survivre pendant la Bataille de Normandie (Caen: Conseil Général du Calvados, 1994), 7.

[74] Institut d'histoire du temps présent, Paris, France, ARC 1074-62 Alliés (2), Voici nos alliés, Les È tats-Unis, no. 2; and ARC 074 Alliés (7), Saint-John de Crèvecoeur, Qu'est-ce qu'un américain? [reprint of 1774 text] (Washington, DC: OWI, 1943).

[75] Ken Parker, Civilian at War (Traverse City, MI: self-pub., 1984), 50.

[76] Paul Fussell, Wartime: Understanding and Behavior in the Second World War (New York: Oxford University Press, 1989), 270—271.

[77] Blunt, Inside the Battle of the Bulge, 33; Donald R.Burgett, Seven Roads to Hell: A Screaming Eagle at Bastogne (Novato, CA: Presidio Press, 1999), 138; George Biddle, Artist at War (New York: Viking, 1944), 206; Spencer Wurst, Descending from the Clouds: A Memoir of Combat in the 505 Parachute Infantry Regiment, 82nd Airborne Division (Haverton, PA: Casemate, 2004), 239. 还可参看 Paul E.Cunningham, Freezing in Hell: World War II, Ardennes: Battle of the Bulge, December 16, 1944-January 25, 1945 (Salisbury, MD: self-pub., 1998), 215。

[78] Bilder, Foot Soldier for Patton, 93; Blunt, Inside the Battle of the Bulge, 12—13.

[79] Paul Fussell "My War," in The Boy Scout Handbook and Other Observations (New York: Oxford University Press, 1982), 43; Andrew Wilson, quoted in Hastings, Overlord, 220. 黑斯廷斯指出: "第 1 军的所有人都残酷地意识到, 在步兵队伍效力几乎等于确定被判死刑或受伤"。(246)

[80] Jim Gavin, quoted in Charles Whiting, The Battle of Hurtgen Forest: The Untold Story of a Disastrous Campaign (New York: Orion Books, 1989), 220—221; William F.McMurdie, Hey, Mac! This Is Serious Business! A Guy Could Get Killed! (Gig Harbor, WA: Red Apple, 2000), 68.

[81] Audie Murphy, To Hell and Back (1949; repr., New York: Henry Holt, 1977), 50; Brown, Up Front with U.S., 318; Robert Bowen, Fighting with the Screaming Eagles: With the 101st Airborne from Normandy to Bastogne (London: Greenhill Books, 2001), 171; Paul Boesch, Road to Huertgen, Forest in Hell (Houston: Gulf, 1962), 200; Morris Courington, Cruel Was the Way (Park Forest, IL: Velletri Books, 2000), 32.

[82] Blunt, Inside the Battle of the Bulge, 137—138.

[83] 借用托马斯·拉克尔所言, 尸体 "卑贱到令我们难以忍受"。参看 Laqueur, "The Deep Time of the Dead," Social Research 78, no.3 (Fall 2011): 799—820。

[84] Henry Deloupy, Les blindés de la Libération (Paris: Service Historique de l'Armée de

Terre，1991），122；Jean Navard，*La Libération avec les chars：du débarquement en Provence jusqu'à Ulm*，*15 août 1944—8 mai 1945 avec la 1re Armée française*（Paris：Nouvelles éditions latines，1980），132；Fussell，"My War，" 259；Bowen，*Fighting with the Screaming Eagles*，171；Rex Flower，quoted in Patrick Delaforce，*Marching to the Sound of Gunfire：North-West Europe*，*1944—1945*（Phoenix Mill，UK：Sutton，1996），85；Robert E.Humphrey，*Once upon a Time in War：The 99th Division in World War II*（Norman：University of Oklahoma Press，2008），135；André Chamson，La Reconquête，1944—1945（Paris：éditions Plon，1975），122.

［85］Orval Eugene Faubus，*In This Faraway Land*（Conway，AR：River Road，1971），162—163. 还可参看 Ross S.Carter，*Those Devils in Baggy Pants*（New York：Appleton Century-Crofts，1951），245。

［86］Quoted in Fussell，*Boys' Crusade*，119—120.

［87］In *Road to Huertgen*，191—192，伯施对一个坟墓登记队处理尸体的方式感到无比震惊："他们显然毫不在意对遗体造成的伤害，因为他们用结实的绳子绑住死者的手腕和脚踝，一路把他拖到了挂车那里。"还可参看 Dale Helm，*From Foxhole to Freedom：The World War II European Journal of Captain H.Dale Helm of Indiana*（Indianapolis：Guild Press of Indiana，1996），38。

［88］Paul Fussell，*Doing Battle：The Making of a Skeptic*（Boston：Little，Brown，1996），108.

［89］Bilder，*Foot Soldier for Patton*，161；foot soldier，quoted in Murphy，*To Hell and Back*，223；Lester Atwell，*Private*（New York：Simon and Schuster，1958），153—154；Biddle，*Artist at War*，128.

［90］Bob Sheldrake，quoted in Delaforce，*Marching*，65. 还可参看 Patrick Delaforce，*Monty's Iron Sides：From the Normandy Beaches to Bremen with the 3rd Division*（Phoenix Mill，UK：Sutton，1995），174。

［91］Hubert Gees，"Recollections of the Huertgen Forest：A German Soldier's Viewpoint，" unpublished ms. excerpted in Huey E.Tyra，*Love Always*，*Ben：The Story of a Young World War II Soldier Who Gave His Life for God*，*Family and Country*（Gastonia，NC：P & H Publications，2002），174.

［92］Brendan Phibbs，*The Other Side of Time*（Boston：Little and Hart，1987），7—8.

［93］Phibbs，10.

［94］Phibbs，11—12.

［95］Phibbs，16.

［96］Phibbs，21，22.

［97］托马斯·W.拉克尔表示，对死者的关怀在士兵中间创造了一致的目标，他们在这个空间里肯定彼此的人性。看看他的 *Work of the Dead*，22："尸体制造了一种集体记忆……它们共同诉说着自己的存在，并吸引生者的关注。"

图书在版编目(CIP)数据

纯粹的苦难：二战中的士兵 /（美）玛丽·路易斯
·罗伯茨著；熊依旆译. — 上海 ：格致出版社 ：上海
人民出版社，2024.1
（格致·格尔尼卡）
ISBN 978 - 7 - 5432 - 3507 - 6

Ⅰ.①纯⋯ Ⅱ.①玛⋯ ②熊⋯ Ⅲ.①第二次世界大
战-士兵-研究 Ⅳ.①E195.2 ②E145

中国国家版本馆 CIP 数据核字(2023)第 194152 号

责任编辑 裴乾坤
封面装帧 张建圆

格致·格尔尼卡

纯粹的苦难：二战中的士兵

[美]玛丽·路易斯·罗伯茨 著

熊依旆 译

出 版	格致出版社	
	上海人民出版社	
	（201101 上海市闵行区号景路 159 弄 C 座）	
发 行	上海人民出版社发行中心	
印 刷	上海商务联西印刷有限公司	
开 本	890×1240 1/32	
印 张	6.75	
字 数	143,000	
版 次	2024 年 1 月第 1 版	
印 次	2024 年 1 月第 1 次印刷	
	ISBN 978 - 7 - 5432 - 3507 - 6/K · 229	
定 价	45.00 元	

上海市版权局著作权合同登记号：图字 09-2023-0232

格致·格尔尼卡

纯粹的苦难：二战中的士兵
[美]玛丽·路易斯·罗伯茨/著　熊依旆/译

《战地快讯》
[美]迈克尔·赫尔/著　谢诗豪/译

《加里波利：一场一战战役》
[英]艾伦·穆尔黑德/著　张晶/译

《唐行小姐：被卖往异国的少女们》
[日]森崎和江/著　吴晗怡　路平/译

《什么也别说：一桩北爱尔兰谋杀案》
[美]帕特里克·拉登·基夫/著　熊依旆/译

《希腊内战：一场国际内战》
[加]安德烈·耶罗利玛托斯/著　阙建容/译

《纳粹掌权：一个德国小镇的经历》
[美]威廉·谢里登·阿伦/著　张晶/译

《藏着：一个西班牙人的 33 年内战人生》
[英]罗纳德·弗雷泽/著　熊依旆/译